El currículum competitivo

Mariangela Rustico

EL CURRÍCULUM COMPETITIVO

dve
PUBLISHING

© Editorial De Vecchi, S. A. 2018
© [2018] Confidential Concepts International Ltd., Ireland
Subsidiary company of Confidential Concepts Inc, USA
ISBN: 978-1-64461-154-8

Índice

PRIMERA PARTE

Nociones generales
sobre el currículum vitae

- *El curriculum vitae es de gran valor para todos los que buscan trabajo.*

- *Consejos generales: qué es lo que se debe y lo que no se debe escribir.*

Importancia del currículum para buscar trabajo

El currículum vitae es la primera y, por lo tanto, la principal tarjeta de visita para quien quiera sumergirse en el mundo laboral, así como para todos los que hayan decidido cambiar de puesto de trabajo y se ofrezcan al mercado profesional. Se trata del retrato laboral, el resumen por escrito de la trayectoria de una persona.

En definitiva, el currículum vitae es un instrumento informativo de vital importancia ya que lo que escribimos, y la estructura y el tono que le damos sirven para describir a un interlocutor desconocido (tanto si es un profesional de una oficina de contratación de personal, de una empresa o cualquier otra persona que tenga ocasión de leerlo) quiénes somos, qué hemos hecho, cómo trabajamos, cómo solemos estructurar las cosas y otros muchos datos.

No cometamos el error de quitarle importancia a este instrumento. En medio de centenares de peticiones de trabajo, entremezclado con docenas y docenas de fichas profesionales, *su* currículum vitae debe propiciar la lectura, salir del anonimato, comunicar algo al interlocutor. No caiga en la tentación del qué más da: todos los currículum son iguales y, por consiguiente, no es necesario dedicar tiempo y atención a la estructura y la extensión de *su* currículum. Nada más falso. El profesional que está acostumbrado a leer miles de currículum reconoce de inmediato el estilo y la profesionalidad de quien lo escribe. Con su currículum se está jugando una carta importante: la primera y, por eso, la más decisiva.

No es el momento de alarmar a nadie inútilmente. Es evidente que después, durante el proceso de selección, cada candidato podrá poner de manifiesto su personalidad y sus características profesionales en el momento de la entrevista o entrevistas sucesivas. No existe la menor duda en cuanto a este punto. Sin embargo, no es menos cierto e innegable que cuando alguien lea sus páginas le está proporcionando, tal vez de forma inconsciente, una primera impresión general y, si esta fuera negativa, por el estilo coloquial en que se ha escrito, los pasos sucesivos (entrevista, presentación, etc.) serían dados… cuesta arriba.

No resulta fácil modificar una primera impresión, sobre todo en una fase abierta de selección en que debe enfrentarse a otros candidatos, probablemente con sus mismas características, pero cuyo currículum vitae es más cuidado, más atrayente y más en consonancia con su personalidad.

En definitiva, el currículum es un instrumento de comunicación que en ocasiones no admite una segunda oportunidad, una revancha (ciertamente, existe la posibilidad de una entrevista, pero son numerosos los casos en que se ha tirado una candidatura a la papelera o se ha arrinconado sólo porque no resultaba atractiva tras examinar el currículum).

De lo expuesto hasta aquí destaca la importancia que se le debe atribuir a este instrumento de comunicación. Este es el motivo que nos ha impulsado a escribir el presente libro para intentar arrojar un poco de luz a las diferentes formas de estructurar y redactar un currículum vitae.

En resumen

• El currículum vitae constituye la primera y principal carta de visita.

• El currículum refleja una imagen precisa que sin duda apreciará quien lo lea.

• El currículum debe constituir un instrumento eficaz de comunicación con el fin de aumentar la calidad de su candidatura.

Objetivos y características generales

A lo largo de los diferentes capítulos se expondrán las diversas cuestiones relativas a la forma y estructura convenientes que debe presentar: queremos con ello subrayar que la importancia de una presentación y una extensión óptimas depende de la finalidad que se persigue. En otras palabras, si es cierto (como de hecho lo es) que se trata de nuestra tarjeta de visita, nuestro objetivo es presentarnos a un interlocutor (que no conocemos, al menos en la mayoría de los casos) y hacerlo de la mejor manera posible.

Por lo tanto, ¿cómo se debe redactar un buen currículum o, mejor aún, cómo se debe escribir para que alcance el objetivo que nos hayamos propuesto?

Desde un principio hay que dejar claro, sin que parezca contradecirse con el propósito del libro que tiene entre sus manos, que no existe una fórmula mágica, una receta secreta que permita redactar un currículum vitae tan excelente que logre la colocación inmediata de su autor. No existe una regla de oro, sino una multitud de consejos eficaces para escribirlo tan bien como se pueda. Ya hemos comentado antes que nos detendremos largo y tendido en ejemplos que ilustren estos consejos, producto de la experiencia de quien lo escribe. Por ahora sólo vamos a anticipar algunos conceptos clave que se deben respetar siempre por quien vaya a redactar su currículum vitae, tanto en el caso del joven sin experiencia como en el del profesional con varios años de experiencia a sus espaldas.

Las cosas que no se deben olvidar son pocas pero esenciales: por hacer un juego con las iniciales, podríamos decir que un buen currículum vitae se debe escribir y preparar siguiendo las tres ces, es decir, debe ser *completo*, *claro* y *conciso*.

Completo

No olvide nada pero, sobre todo, trate de estructurar todo lo que escriba de modo que se reflejen todos los aspectos de su vida laboral y su personalidad. En ocasiones, la omisión involuntaria de un detalle puede despertar dudas o sospechas en quien lo esté leyendo.

Claro

Evite a toda costa los panegíricos, las cincunlocuciones o los discursos artificiosos. La estructura y las frases se deben presentar de forma esquemática, lineal y precisa. La lectura debe resultar simple, inmediata, de clara e inequívoca comprensión. En definitiva, no canse ni aburra a la persona que lo tenga que leer.

Conciso

La síntesis, muy ligada al punto anterior, es la característica fundamental de un buen currículum. Piense únicamente en la impresión que puede llegar a provocar un montón de hojas en la persona que tiene sobre la mesa docenas y docenas de solicitudes que ha de valorar y analizar, con toda probabilidad en muy poco tiempo. Tenga presente que ya contará con la ocasión de añadir detalles y datos adicionales en las sucesivas entrevistas personales, por lo que es inútil recargar la primera toma de contacto.

Errores que han de evitarse

Tentación de «venderse» en exceso

Jamás se venda en exceso. Las hipérboles y las exageraciones, además de ser síntoma de falta de realidad (y también de modestia), se aprecian con facilidad. La impresión que se deriva del descubrimiento (por parte del seleccionador) de que un dato o una información son falsos o quizá sólo un poco exagerados es tan negativa que, sin duda, se desestimará su candidatura. De ahí se deriva la importancia de ser correctos y sinceros al enumerar los datos.

Mentiras

Si una exageración gratuita se debe evitar a toda costa, ¿qué decir de las clásicas mentiras? Queda claro que hay que evitarlas también por los mismos motivos expuestos anteriormente.

17

Omisiones

También las omisiones, como ya hemos hecho notar, pueden resultar contraproducentes. El perfil que se muestre en el currículum debe ser lo más estructurado, completo y definido posible. Dejar un vacío en la exposición, además de ocultar un dato puede que importante de nosotros mismos o de nuestra experiencia laboral, es posible que se interprete como un intento de esconder una realidad que llegue a ser contraproducente.

Prolijidad

Un último consejo: evite la prolijidad excesiva. La forma de redactar es también un espejo del candidato. Un currículum ágil, estructurado, con un esquema inteligente, genera en el interlocutor una imagen positiva y profesional del solicitante. Los giros inútiles de palabras, en ocasiones aburridos, mal escritos y siempre redundantes, obligan a ralentizar la lectura y son señal innegable de falta de síntesis, de excesiva verborrea y, en una palabra, de escasa profesionalidad.

En resumen

• Para comunicar una imagen idónea, el currículum debe ser:

— completo;
— claro;
— conciso.

• Evite sobre todo:

— «venderse» demasiado;
— las mentiras;
— las omisiones;
— la prolijidad.

Cómo ponerse en contacto
con el futuro contratante

> • *Solicitudes espontáneas, respuestas a anuncios o avisos.*
>
> • *A quién dirigir nuestro currículum.*

El deseo de mejorar en todo lo posible nuestro currículum vitae proviene de la voluntad de encontrar una nueva oportunidad profesional. Puede tratarse de la búsqueda del primer empleo en el caso de un joven recién licenciado o diplomado que está dispuesto a entrar en el mundo laboral con entusiasmo y disponibilidad, aunque también con ciertas dudas sobre la posibilidad real de hallar un trabajo estable y adecuado.

Puede tratarse, por el contrario, de la búsqueda de una oportunidad mejor si ya se posee una experiencia profesional cualificada: la voluntad de buscar un puesto de trabajo de mayor peso y responsabilidad, el deseo de dar un giro a nuestra carrera o de salir de una situación que sea, en alguna medida, no demasiado gratificante. A lo largo de esta búsqueda, y no nos cansaremos de repetirlo, el currículum representa el primer instrumento, la tarjeta de visita que nos pondrá en contacto con interlocutores, todavía desconocidos, pero de gran importancia para lograr lo que pretendemos.

19

En las páginas de este libro se facilita toda una serie de consejos para que se organice adecuadamente la información que debe aparecer en el currículum. El objetivo es convertir este primer contacto en un instrumento de gran eficacia, hasta el punto de influir positivamente incluso en el desarrollo posterior de la selección (posibles pruebas para los jóvenes que acceden a su primer empleo, entrevistas individuales, entrevistas técnicas para puestos que conllevan una preparación específica en algún sector determinado).

Antes de analizar cada uno de los aspectos de un currículum, valdría la pena, sin embargo, tener en cuenta las diferentes posibilidades que se le ofrecen a un candidato para establecer un primer contacto positivo con las empresas que sean de su interés.

En pocas palabras, ¿a quién se le envía el currículum vitae y bajo qué forma?

Elegir el *destinatario* está estrechamente vinculado al tipo de actividad que nos interese, es decir, al tipo de trabajo que se esté buscando, tanto en el caso del primer empleo como si se trata de obtener una mejora laboral.

Así pues, haga una selección cuidadosa de las empresas, estructuras y organizaciones donde se pueda valorar positivamente su experiencia profesional.

¿Es usted un joven licenciado en Empresariales al que le gustaría aproximarse a la mercadotecnia? ¿O un director de producción con algunos años de experiencia que desearía ampliar su preparación enfrentándose a un nuevo tipo de mercado?

Deberá dirigirse, evidentemente, a empresas (públicas o privadas) dotadas de estructuras de mercadotecnia desarrolladas, que necesitan siempre nuevos recursos humanos cualificados para introducirlos en el seno de la organización. ¿Estamos ante un joven médico que quiere dar sus primeros pasos en el área hospitalaria o que prefiere, por el contrario, la investigación y la experimentación dentro de una empresa farmacéutica? En el primer caso solicitará trabajo o hará una oposición para acceder a hospitales o instituciones públicas, en el segundo se dirigirá a sociedades farmacéuticas.

Veamos otro ejemplo: ¿Es usted un joven contable que cuenta en su haber con algunos años de experiencia en una pequeña empresa? ¿Cuáles son sus objetivos? ¿Permanecer en una pequeña empresa pero adquiriendo paulatinamente mayor responsabilidad (convirtiéndose por ejemplo en responsable administrativo) o pasar a una gran empresa y especializarse en un determinado sector (contabilidad de proveedores, gestión de clientes, tesorería, sección de pagos, etc.)?

¿Qué queremos dar a entender con todos estos ejemplos? Que siempre hay que llevar a cabo una selección, que buscar trabajo no significa poner en circulación su currículum de forma indiscriminada, escribir a cientos de empresas y dejar, a continuación, que sea el destino el que decida por nosotros.

Lo que pretendemos subrayar es el hecho de que no debemos permitir que la casualidad decida por nosotros; elijamos un camino y persigámoslo con tesón, coherencia y determinación. Esto es aplicable en mayor medida cuanto más elevada sea la cualificación (tanto si se trata de titulación académica como de experiencia adquirida directamente en el campo) con la que se ofrezca al mercado de trabajo. Naturalmente, un joven sin titulación académica, cursos de especialización y experiencia profesional no tendrá otro remedio que hacer un poco de todo. Sin embargo, si se parte con una base precisa es necesario decidir el modo de moverse y orientarse a través de caminos coherentes y consecuentes: de esta manera se sacará un mejor rendimiento de sus esfuerzos y obtendrá una satisfacción mayor del resultado. Por lo tanto, antes de enviar un currículum haga un examen detallado de la clase de trabajo que le interesa, del tipo de empresa o institución en la que su experiencia profesional pueda ser de interés, de la clase de organización a la que podría convenir por su perfil (si quiere servirse de los idiomas podría tratarse, por ejemplo, de empresas de importación y exportación, si posee conocimientos de procesamiento de datos diríjase a empresas automatizadas, etc.).

Pasemos ahora a describir las diferentes maneras de ponerse en contacto con las empresas que le interesen.

Solicitudes directas o por iniciativa propia

Las solicitudes espontáneas suponen una iniciativa asumida directa y unilateralmente por parte del candidato.

Significa, por lo tanto, que mientras el que escribe y presenta su currículum está, en efecto, interesado por la empresa a la que se dirige, esta última no tiene por qué estar también interesada en el candidato en ese preciso momento.

Si, por ejemplo, se propone como vendedor a una empresa, nadie le asegura que en ese momento estén tratando de contratar vendedores.

No por ello se debe llegar a la conclusión de que las solicitudes por iniciativa propia sean un instrumento poco útil cuando se busca un nuevo puesto de trabajo.

Tan sólo queremos mostrar que, excepto en contadas ocasiones en las que realmente entra en juego la fortuna, las solicitudes espontáneas dan sus mejores frutos no inmediatamente, en un breve periodo de tiempo, sino en un plazo medio.

¿Qué es lo que sucede con su currículum? Los responsables de dirección de personal lo leerán, lo clasificarán según su rango profesional y, a menos que en ese preciso instante se esté buscando personal de características similares a las suyas, se archivará para poder usarlo en un futuro.

El fichero de nombres constituye, tanto para las empresas como para las oficinas de búsqueda y selección de personal, la primera fuente a la que acudir para realizar cualquier nueva selección. Un buen archivo de nombres supone un verdadero tesoro: permite, de hecho, ponerse rápidamente en contacto con candidatos interesantes por sus currículum (gracias a su valoración) y motivados y disponibles para un encuentro (de otro modo, ¿por qué habrían escrito?).

Las solicitudes por iniciativa propia, en definitiva, representan un eficaz instrumento de siembra para los candidatos que puede reportar sus frutos en un futuro próximo (salvando las afortunadas excepciones). Así pues, no resuelven el deseo urgente de cambiar de trabajo o encontrar un empleo en breve. Se establece un primer contacto entre las dos partes sin que, al menos en la mayoría de los casos, exista una consecuencia práctica inmediata.

No obstante, permite introducirse en los ficheros de las empresas particulares y las de selección de personal; se logra; de algún modo, darse a conocer y, en épocas sucesivas, facilita poder establecer contactos dirigidos a búsquedas específicas.

En resumen

• Las solicitudes por iniciativa propia rara vez coinciden en el tiempo con las necesidades de la empresa a la que van dirigidas.

• Cuentan con la ventaja de permitir que su currículum pase a formar parte del archivo y de favorecer así contactos futuros.

Respuestas a los anuncios

Los anuncios no guardan ninguna relación con lo anteriormente expuesto. Son el medio más inmediato y seguro de poner en contacto a las empresas que estén buscando personal cualificado con aquellos profesionales dispuestos a sopesar nuevas oportunidades. Por consiguiente, en este caso existe voluntad por ambas partes, frente a una exigencia específica (la necesidad de cubrir un puesto vacante), de contactar para barajar recíprocamente la posibilidad de trabajar juntos.

Responder a un anuncio significa, por lo tanto, medirse ante una posibilidad concreta y es una oportunidad profesional real e inmediata. Sin embargo, ¿por qué recurren las empresas a los anuncios? Los motivos son numerosos y de gran importancia.

Con los anuncios se garantiza un contacto inmediato con los profesionales a la par que se ofrece una visión rápida y veraz del mercado de trabajo que la empresa pretende abarcar.

Expertos en selección de personal diseñan y estructuran los textos de los anuncios con el firme propósito de lograr que respondan a los mismos los candidatos con las características que se detallan en cada ocasión.

De este modo, el anuncio representa para la empresa que lo manda publicar una manera eficaz de ponerse en contacto con un gran número de personas y la posibilidad de garantizar la elección del candidato más idóneo de entre un grupo cualificado.

Naturalmente, todo esto en poco tiempo: en el transcurso de pocas semanas, de hecho, se entablarán los primeros contactos y la empresa podrá reducir el número de candidaturas sobre las que centrar su interés.

Sin embargo, ¿qué beneficios reporta al candidato que responde? Básicamente los mismos: ofrecerse para un puesto de trabajo concreto, introducirse en una empresa que le interese, participar en una selección inmediata y disfrutar de la oportunidad de crecer profesionalmente.

Tal vez en la mente de algunos pervivan ciertas reservas en cuanto a los anuncios de búsqueda de personal se refiere, la sospecha de que las actividades propuestas no tengan fines serios y sean poco fiables, el temor de que se divulgue el nombre y la información que proporcionamos. Nada más lejos de todo esto.

Todo anuncio publicado en un periódico o publicación especializada conlleva a la empresa anunciante un coste significativo que puede llegar a los cientos de miles de pesetas y el uso de recursos especializados en la valoración de los currículum y el desarrollo de las entrevistas. Así pues, este tipo de inversión se asienta en la seriedad de las intenciones de la empresa verdaderamente interesada en cubrir, pronto y bien, el puesto vacante que oferta.

Por consiguiente, no tenga ningún miedo ni desconfianza: el currículum caerá en manos de profesionales cualificados (seleccionadores de empresa, directores de personal, responsables de empresas de selección) que asegurarán su reserva y discreción. No obstante, más adelante dedicaremos un capítulo a cómo garantizar, mediante algunas pequeñas atenciones, un contacto reservado y que no comprometa al futuro empleado. La prudencia nunca está de más.

Por el momento hagamos hincapié en la importancia que tienen los anuncios para poner en contacto a las empresas con los profesionales; el siguiente capítulo está dedicado a los diferentes tipos de anuncios, cómo valorar el texto de estos últimos cómo leerlos correctamente, y los criterios básicos por los que decidir si se responde o no.

En resumen

• El anuncio es el medio más directo y seguro de poner en contacto a las empresas (que buscan personal cualificado) con los profesionales (dispuestos a sopesar nuevas propuestas).

• Supone una oportunidad concreta.

Avisos

Los avisos se hallan a medio camino entre la solicitud por iniciativa propia y los anuncios.

Sucede con mucha frecuencia que se oye comentar a un amigo, un pariente o un colega que una empresa determinada está buscando personal para incluirlo en su organización.

En este caso el «aviso» adopta la forma de la sugerencia de una oportunidad: el currículum no se envía como si fuera una solicitud espontánea, sino que se dirige a una necesidad específica de una empresa «interesante» de la que se ha averiguado algo de algún modo. Pero la palabra «aviso» tiene también otro significado: representa uno de los canales más utilizados por los asesores especializados en busca y selección de personal.

Con frecuencia y sobre todo para puestos de especial importancia, las empresas prefieren la búsqueda directa llevada a cabo por especialistas del sector (los famosos «cazadores de cabezas» o *head-hunters*) a los anuncios.

Estos, basándose en sus completísimos archivos, en sus conocimientos y en las relaciones personales conseguidas a lo largo del tiempo, son capaces de descubrir profesionales y ponerse en contacto con ellos sin recurrir a los anuncios.

Se puede dar el caso, por lo tanto (cuanto mayores sean la posición y la responsabilidad alcanzadas habrá más probabilidades), de que el asesor se ponga en contacto con una persona, generalmente a través de una llamada telefónica, y le proponga una oportunidad profesional que de ningún modo había buscado.

¿Cómo se debe comportar en un caso así? Antes de aceptar una entrevista verifique que el puesto ofrecido le interesa realmente, que posee las dosis de autonomía y responsabilidad inherentes a su nivel.

Si esta primera aclaración, aunque general (no pregunte en esta primera fase el nombre de la empresa o el nivel retributivo previsto: sólo se le aclarará en la entrevista), es de su agrado, acepte con toda tranquilidad una cita: podría ser sin duda una ocasión profesional importante. Y no olvide llevar a la entrevista su currículum actualizado.

En resumen

• Si alguna persona que conoce le avisa de que una empresa está buscando personal con sus características, envíe sin dilación un currículum: ¡podría tratarse de una iniciativa con buenos resultados!

• Sin su conocimiento podría estar en el punto de mira de una sociedad de asesoría especializada en búsqueda directa (o «cazadores de cabezas»). Si se ponen en contacto con usted, verifique que el puesto ofrecido se adecúa, a grandes rasgos, a sus expectativas y a su experiencia profesional y, de ser así, acepte mantener una entrevista.

A quién enviar el currículum

No crea que es provocativo u ofensivo dedicar algunas líneas a un tema tan obvio y banal. A menudo los grandes esfuerzos que se realizan en cuanto al orden y contenido se desperdician por pequeñas faltas de atención y escasa valoración de aspectos que se pueden considerar insignificantes o no pertinentes.

Para alcanzar con eficacia su objetivo, su currículum debe llegar a su destino, caer en las manos justas; de lo contrario, se arriesga a llegar tarde o, aún más, a perderse definitivamente. Si responde a un anuncio escriba la dirección completa indicada en el mismo, especificando en el sobre exactamente la referencia del anuncio (una sigla o un número).

Si envía una solicitud por iniciativa propia a una sociedad de asesoría especializada en la busca y selección de personal bastará con la dirección exacta. Si conoce a algún responsable dentro de la sociedad, remita el currículum a su atención y en la carta de presentación (véase el capítulo correspondiente) escriba algunas frases de cortesía.

Por ejemplo:

```
Estimado doctor Redondo:

Como acordamos por teléfono le remito mis da-
tos personales y mi currículum profesional.
Le recuerdo de nuevo que estoy interesado en
valorar nuevas oportunidades. Le agradezco de
antemano su colaboración y le envío mis más
cordiales saludos.

                              Manuel Fuentes
```

Si envía una solicitud por iniciativa propia a la empresa indique como destinatario la dirección de personal; por lo tanto, ponga la dirección completa. De ser posible, es preferible especificar oficina de *selección de personal* en lugar de algo tan genérico como *dirección de personal* (muchas empresas medianas poseen ya dicha oficina de selección en el seno del departamento de personal). De este modo, su carta llegará rápidamente al destino correcto evitando un paseo inútil por los diferentes despachos.

Cómo se leen los anuncios

- *Existen diferentes modalidades de anuncio: cómo leer entre líneas.*

- *Cuándo y cómo se ha de responder.*

Diferentes tipos de anuncios

Podemos clasificar los anuncios de la siguiente manera:

- **Anónimos:** cuando no aparece el nombre de la empresa que promueve la búsqueda.
- **Nominativos:** cuando la empresa se presenta con su nombre y a menudo con su propia marca.
- **Directos:** cuando el anuncio lo gestiona directamente la empresa interesada (pueden ser tanto anónimos como nominativos).
- **Indirectos:** cuando una empresa especializada en la selección de personal se encarga del anuncio (también en este caso, el nombre de la empresa puede darse o no a conocer).

¿Cuáles son las razones que empujan a una empresa a declarar su identidad o a preferir el anonimato? Generalmente, el anonimato coincide con una exigencia mayor de confidenciali-dad con respecto al puesto abierto. En otras palabras, dicha em-presa no quiere que se sepa en el mercado (es decir, la compe-tencia) que está buscando nuevos profesionales. La razón es que con estas indicaciones se podrían sugerir diferentes elementos como, por ejemplo, una nueva estrategia, una ampliación de la actividad o, por el contrario, un momento de debilidad en el puesto vacante en ese momento.

Otro motivo para elegir el anonimato tendría que ver, en cambio, con la propia estructura para evitar dar a conocer al per-sonal que un puesto específico se halla en proceso de selección, ya que el anuncio se podría hacer coincidir con la destitución del actual titular.

Además, el anonimato libera a la empresa de presiones e in-terferencias, factores que no se deben desestimar, garantizando, por otra parte, una elección y una decisión más libres a la hora de determinar la mejor candidatura.

Por el contrario, ¿cuáles son los motivos que pesan a la hora de decidir dar a conocer el nombre, directamente o a través de una sociedad de asesoría?

Las sociedades especializadas en la búsqueda y selección de personal ofrecen una serie de servicios muy útiles para las em-presas a la hora de iniciar un proceso y por eso muy apreciados y utilizados.

Ante todo se ofrece la posibilidad de publicar los anuncios en un breve periodo de tiempo (a lo sumo en dos o tres días), mien-tras que reservar individualmente un espacio obliga a planificar-lo con mucha anticipación. La empresa de selección hace las ve-ces de apartado postal: recoge la correspondencia, la clasifica según la referencia de los diferentes puestos de trabajo y la expi-de a la empresa anunciante a medida que se recogen los currícu-lum, acelerando en el proceso todos los plazos técnicos que im-plica la selección.

¿Cuánto y de qué forma pueden influir estos contactos en la disposición de la persona que los lee para que despierte su interés y tenga la intención de contestar?

Básicamente muy poco, si no nada; la llave de lectura e interpretación del texto es de hecho la misma tanto en el caso de los anuncios anónimos como en el de los nominativos o indirectos. Tan sólo será necesario prestar algo más de atención en el caso de los anónimos y directos (es decir, gestionados directamente por la empresa); pero ya explicaremos más detalladamente este particular en el capítulo dedicado al deseo de confidencialidad.

Análisis del anuncio

Los textos de los anuncios, por más que sean concisos y sintéticos, proporcionan de todas formas una serie de indicaciones precisas sobre el tipo de empresa y la clase de trabajo que se oferta.

Es imprescindible, por lo tanto, leer el texto con atención y valorar cuidadosamente todos los elementos para poder decidir hasta qué punto interesa y si su currículum profesional puede o no estar en consonancia con lo que se plantea en el texto.

En general (aunque hay que precisar que no existe una regla válida para todos, si bien actualmente estamos asistiendo a un estallido de creatividad y originalidad incluso en mensajes de este tipo), un anuncio está estructurado en cuatro niveles distintos de información: empresa, puesto de trabajo, requisitos de los candidatos y oferta.

Datos sobre la empresa

Por lo general, un anuncio proporciona una serie de datos y características relacionados con la empresa solicitante (y esto es tan váli-

31

do en el caso de los anuncios anónimos como en el de los nominativos): tipo de sociedad, sector en el que se mueve, productos, facturación, posición en el mercado, dimensiones, posibles contactos con el extranjero, ambiente de trabajo, planes de desarrollo, etc.

Información sobre el puesto de trabajo

Se trata de la parte más importante del anuncio, la que indica con exactitud el título del puesto de trabajo que se ofrece.

Tras ella se incluyen otros datos indispensables para enfocar mejor el contexto profesional dentro del cual se incluirá a la persona buscada: la responsabilidad asignada, los objetivos que ha de gestionar, la función a la que se refiere, la estructura en la que ejercerá funciones de coordinación, la autonomía y las posibilidades de promoción, etc.

Requisitos

Se indican de manera directa y precisa y se relacionan con el tipo de candidatos con los que se quiere entrar en contacto: franja de edad, titulación académica, tipo de experiencia adquirida, posibles conocimientos de lenguas extranjeras, trayectoria profesional y niveles de responsabilidad asumidos con anterioridad, características de las empresas en las que haya trabajado u otras indicaciones específicas de tipo técnico inherentes al puesto de trabajo.

Oferta

En esta se centra gran parte de la atención de quien lo lee si bien, para ser sinceros, se redacta habitualmente en términos demasiado genéricos y válidos sólo para una candidatura «ideal» que no se ha verificado frente al mercado. Hay que saber que las indicaciones de este género son consideradas muy elásticas y que en el transcurso de las entrevistas se podrán discutir estos datos (siempre dentro de ciertos límites y modificarlos en una u otra dirección.

Esta parte define el modelo de contrato en el que se incluirá al candidato, la categoría retributiva de referencia, la posibilidad de obtener beneficios, incentivos, etc. Habitualmente se acaba con la definición de la sede de trabajo propuesta cuando esta no se indica al comienzo del anuncio, en la parte dedicada a la presentación de la empresa.

En resumen

• El texto de un anuncio está estructurado generalmente en cuatro partes y cada una de ellas merece una atenta consideración:

— descripción de la empresa y de su contexto;
— descripción del puesto de trabajo ofrecido;
— descripción de los requisitos ideales para participar en la selección;
— descripción de las condiciones ofrecidas.

Cuándo responder a un anuncio

Resulta obvio que el momento más adecuado para contestar a una propuesta es ni más ni menos cuando se cruzan las ganas de cambiar de trabajo (para dar «un empujón» a la carrera, para desbloquear una situación, para comprobar los niveles de experiencia que se poseen respecto a nuevas oportunidades de mercado) y la necesidad de una empresa (o de una organización) de captar a una nueva persona para formar parte de su organigrama a la que tal vez se le exija experiencia profesional.

La valoración de la oportunidad de responder o no deriva, por lo tanto, de una ajustada y profunda valoración de la oferta en su totalidad (empresa, puesto de trabajo, posibilidades de promoción, nivel laboral, retribución) y de una atenta consideración de los requisitos requeridos. No se puede contestar movidos sólo por la proposición profesional si, honradamente, somos conscientes de no ser capaces de satisfacer las exigencias. Se trata, volvemos a repetirlo, de un encuentro entre dos partes que deben estar a la altura de las circunstancias.

Sólo así se pueden dar las premisas para un contacto futuro positivo: las probabilidades de ser convocados serán mucho mayores y todas las entrevistas que se sucedan se realizarán bajo el signo de la claridad y la profesionalidad.

En resumen

• Responda sólo si se cumplen estas condiciones:

— interés verdadero por el contenido profesional propuesto;
— estar efectivamente en poder de los requisitos exigidos.

Modalidades y plazos de respuesta a los anuncios

Que quede claro: cuanto antes se conteste, mucho mejor, puesto que quien publica el anuncio espera recibir en el menor tiempo posible el mayor número de respuestas que estudiar con las

34

del que debe dirigir las sucesivas fases de selección (así, por ejemplo, las empresas que se encargan de la selección necesitan organizar la programación de las entrevistas para cumplir con las fechas acordadas con el cliente), así como con la espera de los candidatos que responden (que quieren obtener lo antes posible una respuesta, en ocasiones porque han iniciado negociaciones con otras empresas para posteriores oportunidades de trabajo).

A pesar de lo dicho, ser rápidos y tempestivos en la respuesta no significa lanzarse a contestar el mismo día de la publicación del anuncio. Ya hemos tenido oportunidad de comprobar (y ahora mismo volveremos al tema) lo importante que es redactar de forma acertada un currículum y, sobre todo, sopesar con exactitud si todo lo que se plantea en el anuncio al que se pretende responder se corresponde con sus expectativas y su experiencia profesional. En definitiva, no conteste nunca de forma atropellada: lea bien el texto, reflexione sobre su experiencia, tal vez deba consultar con una persona experta y que sea de su confianza y, sobre todo, redacte su currículum con precisión y claridad.

Para concretar, imaginemos que un viernes cualquiera por la mañana aparece un anuncio en un periódico que a primera vista parece interesante. El sábado podría redactar su respuesta completa con el currículum y la carta de presentación y enviarlos la mañana del lunes siguiente a la aparición del anuncio. Si además la respuesta se ha de enviar a su mismo lugar de residencia puede incluso entregarla en mano para que sea más seguro y rápido. En cualquier caso no es recomendable el uso de certificados con acuse de recibo; utilice preferiblemente, entre otras cosas por ser más rápido, un envío urgente.

Otra sugerencia: si se acuerda algún tiempo después del anuncio (pasa con bastante frecuencia), cuando han transcurrido, digamos, algunas semanas, antes de renunciar a responder pruebe a llamar por teléfono a la empresa de selección o directamente a la empresa que demanda el empleo (si viene indicada) para enterarse si aún está a tiempo de participar. De ser así, no olvide incluir unas frases de disculpa en la carta de presentación por responder con retraso, con la posibilidad de ofrecer una excusa de peso (¡no una excusa trivial!).

En resumen

• Cuanto antes responda, mucho mejor.

• Valore bien la situación y espere incluso varios días.

• Es preferible enviar una carta urgente que un certificado con acuse de recibo.

• Si ha pasado mucho tiempo, intente contactar directamente con el anunciante para comprobar si todavía existe la posibilidad de participar en la selección.

Por parte del anunciante

- *Los criterios de valoración y el uso del currículum en el futuro.*
- *Los plazos y las características del primer contacto entre empresa y candidato.*

Cómo se valora la respuesta

No cabe duda de que todas las respuestas a un anuncio se leen atentamente y se valoran. Sin embargo, la mayoría no sigue el mismo camino ni consigue los mismos resultados: la prueba evidente es que mientras algunas veces se logra ser convocado para una entrevista, otras veces la respuesta no consigue sus objetivos. Tal vez se reciba una carta de agradecimiento que nos asegura que en un futuro volverán a contactar con nosotros para otras oportunidades interesantes, o bien, lo que más desilusiona y desmoraliza, puede suceder que no se sepa nunca nada más, que no se reciba ningún tipo de confirmación. No es algo que dependa de la seriedad de nuestro interlocutor, ya sea la empresa en cuestión o la de selección encargada de ocuparse de las primeras fases de contacto: por supuesto existen excepciones, por lo que no se debe siempre tener fe en las buenas intenciones.

De todas formas hay que señalar que la clase de respuesta que siga a nuestra carta puede estar estrechamente ligada al modo en que se haya valorado y clasificado el currículum.

Veamos cuáles son los criterios de clasificación empleados generalmente. Con los requisitos fundamentales exigidos seremos convocados para mantener una primera entrevista personal.

De este modo, el currículum ha cumplido su objetivo: motivar y facilitar un encuentro directo entre las dos partes. El éxito final de la selección, llegados a este punto, vendrá condicionado únicamente por el modo de desenvolverse durante las entrevistas.

Candidatos que deben convocarse para una entrevista personal

Los candidatos que han enviado un currículum claro, completo y que reúnan los requisitos fundamentales, pueden ser citados para una primera entrevista personal.

El currículum vitae ha cumplido, de este modo, con su cometido: promover y favorecer un encuentro entre las dos partes. El éxito final de la selección, en este momento, dependerá sólo de cómo se desarrolle la entrevista.

Candidatos que interesa mantener en reserva

Este tipo de candidaturas tiene su origen en una valoración atenta del currículum, valoración que pone en evidencia grandes afinidades entre las características que presentan los candidatos y los requisitos exigidos para el puesto de trabajo.

No se trata, por lo tanto, de un suspenso sin posibilidad de arreglo: el seleccionador, a raíz del examen de los datos del currículum, ha extraído la impresión de que la candidatura es sin duda interesante desde un punto de vista general pero que, por lo que respecta a ese preciso puesto de trabajo vacante, existe algo que no concuerda con las expectativas de la empresa. Se trata, en ocasiones, de segundas opciones, no por ello menos importantes, que el seleccionador y la empresa solicitante están dispuestos a pasar por alto pero sólo tras comprobar que existen candidaturas mejores entre las que parecen más convenientes sobre el papel. A veces la razón puede ser el escaso conocimiento de una lengua extranjera necesaria, una edad algo fuera de la franja deseada, provenir de un sector de mercado que no se ajusta a las exigencias de la empresa, etc. Este tipo de candidatos acceden a las entrevistas personales en una fase posterior, una vez acabado el sondeo entre los primeros candidatos.

Candidatos que son interesantes pero que no convienen

En esta ocasión las candidaturas son adecuadas profesionalmente pero se encuentran lejos (tanto de forma positiva como negativa), por sus características y experiencia adquirida, de las exigencias planteadas en la búsqueda que está en curso.

No existe la posibilidad en este caso de convocatoria para una cita. Esto no quiere decir que el currículum se tire a la papelera, sino que se almacenará e incluirá en el fichero bajo el puesto de trabajo que se considere más afín a la experiencia declarada.

Así pues, permanece la posibilidad de ponerse en contacto con la empresa en un futuro para ocupar un puesto diferente al previsto en el anuncio.

Candidatos que no poseen todas las características
y que son difíciles de valorar

Nos encontramos sumidos en el mar de las candidaturas imposibles, de los currículum enviados para probar suerte porque «nunca se sabe», de los candidatos que contestan a docenas y docenas de anuncios cada semana sin prestar particular atención al contenido de cada anuncio.

Dentro de esta categoría se encuadran aquellos currículum redactados de forma sintética y difícilmente valorables, en ocasiones «misteriosos», pues no dejan ninguna opción a su comprensión. De hecho se trata de currículum erróneos, prácticamente inutilizables tanto en la selección inicial como en oportunidades futuras.

Para concluir: no todos los currículum enviados obtienen las mismas respuestas. Cuanto más interés se muestre en encontrar y comprobar nuevas oportunidades profesionales, mayor debe ser la atención prestada para satisfacer plenamente los requisitos especificados en el anuncio.

Cómo se utiliza el currículum

Es más que evidente que todos los currículum recibidos se leen, valoran y clasifican por categorías profesionales independientemente del uso inmediato en el fin específico para el que se ha escrito y enviado.

Las empresas, estructuras, organizaciones y empresas de selección de personal que reciben solicitudes de trabajo por iniciativa propia poseen un sistema de archivo que permite volver a disponer de todos los datos y currículum recibidos. Los sistemas de archivo, como íbamos diciendo, son diferentes y pueden elaborarse manualmente (un sencillo fichero de cartas ordenado de acuerdo con las categorías profesionales o estructurado de forma alfabética) o también recurriendo a un sistema automatizado de catalogación (cada vez es más frecuente en las empresas el empleo de un ordenador que posea el programa informático adecuado capaz de volver a ordenar y poner a disposición las diversas candidaturas).

Con excepción, por supuesto, de los currículum mal escritos, sin ninguna reseña profesional o los «misteriosos» o decididamente incompletos que tienen como sacrosanto destino el cesto de la trituradora de papel, todas las respuestas a un anuncio así como las espontáneas, sean o no utilizadas en una selección en concreto, se incluirán y catalogarán en el fichero conveniente que se mantiene al día y permite su utilización a medio y largo plazo.

Cómo se realiza el contacto

La forma de actuar de cada empresa o asesoría para ponerse en contacto directamente con los candidatos preseleccionados, partiendo del currículum presentado para mantener una entrevista personal, varia según el estilo y las costumbres propias de cada estructura en concreto.

Por lo tanto, la convocatoria se puede realizar con una carta o un telegrama o, mucho más a menudo, por teléfono. En este caso la necesidad de contactar lo más rápido posible para acordar una cita se convierte en la condición fundamental y más importante.

Las empresas de selección ponen mucho énfasis en comunicar la fecha, hora y tipo de entrevista con varios días de antelación, con el fin de dar la oportunidad a cada candidato de organizar su tiempo y sus asuntos para que pueda estar disponible el día de la cita.

A menos que los asuntos sean del todo ineludibles, realmente imprevisibles o de gran importancia, evite negociar la hora y el día de la cita. Habitualmente su cita se encuentra dentro de una serie de gestiones y de entrevistas muy apretada: una petición de cambio o la inmovilidad de fechas puede provocar el retraso de numerosas tareas fijadas con antelación.

Si existe, como decíamos antes, un impedimento importante e inaplazable (un viaje de trabajo fuera de la ciudad donde se reside, serias trabas familiares, etc.) póngalo en conocimiento con claridad y fije otra cita. Pero, no nos cansamos de repetir, intente demostrar que el interés que mostró al contestar al anuncio o al escribir espontáneamente no ha desaparecido y desea pasar a la fase de entrevistas.

En resumen

• La convocatoria puede realizarse mediante una carta, un telegrama o por teléfono.

• La cita se comunica habitualmente con algunos días de antelación.

• Evite, siempre que sea posible, discutir sobre la fecha o la hora propuesta.

SEGUNDA PARTE

Aspectos técnicos de la redacción del currículum

- *Consejos para redactarlo correctamente.*

- *¿Escrito a mano o a máquina? ¿Original o fotocopia? ¿Es preciso adjuntar certificados y títulos o no? ¿Cómo hallar el estilo más conveniente?*

Cómo se debe estructurar el currículum

Para todos los lectores es de sobras conocida la importancia que tiene un currículum vitae bien redactado a la hora de buscar trabajo. Además de proporcionar una serie de datos objetivos sobre la persona y su posible experiencia laboral, el currículum es siempre un espejo del modo de ser y las características personales. Quien lo lea debe poder hacerse una idea del candidato simplemente analizando cómo se ha escrito y estructurado; una persona con experiencia puede recabar mucha información tras realizar una primera lectura rápida. Por la forma de redactar el currículum, quien lo examine podrá averiguar elementos reveladores sobre ciertas características del solicitante, como por ejemplo:

— su conocimiento de la lengua española, la sintaxis y la ortografía;
— su orden y precisión;
— su capacidad de expresarse de manera clara y simple;
— su capacidad de síntesis;
— su capacidad de organización y método;
— su desenvoltura y simpatía al presentarse;
— otros datos también relevantes.

La correcta colocación de las hojas dentro del sobre y una adecuada redacción también forman parte de los fines más evidentes de un currículum: todo lo que aparece escrito (pero también *cómo* está escrito) contribuye a determinar la impresión, el interés y el juicio en la persona que lo lee. No está de más repetir, llegados a este punto, que la medida de su eficacia vendrá dada no sólo por la impresión general que despierta sino también, paralelamente, por la espontaneidad y eficacia que se desprenden al leerlo: los elementos deben presentarse, por lo tanto, de forma clara, evidente, simple, de fácil consulta y comprensión. Para alcanzar este objetivo podemos imaginar un currículum vitae ideal, estructurado y articulado en tres hojas diferentes:

— una hoja con la carta de presentación;
— una hoja con los datos personales;
— una hoja con la experiencia profesional.

Pero ¿qué quiere decir *una hoja*?

Y algo más, todo lo que se acaba de afirmar, ¿se debe considerar como una regla numérica exacta que cumplir a rajatabla o se trata de una indicación del todo recomendable?

Digamos que se trata simplemente de un principio básico que, a nuestro parecer, merece la pena respetar y considerar como modelo de extensión de un currículum. La posibilidad de alargarlo sólo se debe admitir en lo que respecta a la parte correspondiente al currículum profesional: cuando la experiencia acumulada sea numerosa, compleja (bien por las tareas específicas, bien por la responsabilidad y el puesto cubiertos) y muy diversificada.

Para coronar todo lo dicho: el hecho de que la experiencia profesional tenga que aparecer en un único folio obliga necesariamente a redactarla de forma sencilla y concisa.

En otras palabras, se elegirán, de acuerdo con reglas muy precisas sobre las que nos detendremos más adelante, solamente los datos realmente significativos e indicadores del tipo de actividades realizadas. Por otra parte es importante subrayar que un currículum estructurado en tres hojas se adecúa a las exigencias de la persona que debe leerlo y valorarlo: así se convierte en un instrumento de consulta rápida, preciso y eficaz en la comunicación, que permite encontrar fácilmente los datos más interesantes. Dividir el currículum en tres folios conlleva otras ventajas que es importante destacar.

No es frecuente que la persona que se ve obligada a buscar trabajo envíe su solicitud a una única empresa o responda a sólo un anuncio. ¡Normalmente sucede todo lo contrario! En el transcurso de varios meses se envía el currículum a todas las empresas interesantes y también se utiliza para contestar a todos los anuncios y demandas de empleo que parecen ofrecer buenas oportunidades y en las que se vislumbra la posibilidad de éxito al creer que se cuenta con todos los requisitos que se solicitan. Para lograr esto, los dos últimos folios, los que contienen los datos personales y la experiencia profesional, se podrán utilizar en más ocasiones sin olvidar ponerlos al día si se produce algún cambio. De este modo bastará con modificar la primera hoja (la carta de presentación, único folio en el que constará la fecha) para poder volver a utilizar más veces el mismo currículum.

En resumen

• La información que facilita el currículum vitae debe presentarse de manera clara para que sea fácil de leer.

• El currículum ideal se compone de tres hojas:

— una hoja para la carta de presentación;
— una hoja con los datos personales;
— una hoja con la experiencia profesional.

• Es imprescindible escribirlo con precisión y brevedad.

• Un total de tres folios es el formato ideal.

• ¡Sólo tres folios! Con la única excepción de contar con una experiencia profesional muy dilatada.

Tipo de papel que se ha de utilizar

El papel debe ser blanco, de formato clásico (Din A4).

Queda descartado por completo el papel de colores o de una calidad especial como el papel de seda, el pergamino o cualquier otro. Utilizar hojas de un cuaderno o de un bloc de notas, todavía peor si se arrancan mal, provoca una impresión terriblemente negativa e invita al seleccionador a tirar el currículum a la papelera. De hecho, dan una idea de desorden, falta de cuidado y poco interés por el puesto de trabajo y por el destinatario por parte del candidato. Están completamente fuera de lugar las hojas de papel que se usan a menudo para escribir a los amigos. El formato ideal es, pues, el del folio estándar que se utiliza para escribir a máquina teniendo muy presente hacerlo sólo por una cara.

No olvide además que leerán y analizarán su currículum más de una vez: el consultor, el seleccionador de la empresa, el responsable de la oficina en la que se incluirá al nuevo admitido. El mismo currículum se archivará y se consultará en caso de nuevas necesidades.

Por lo tanto, el papel debe ser blanco para facilitar la lectura y de calidad estándar para garantizar su resistencia y mantenimiento con el continuo cambio de manos, eliminando el riesgo de que sea ilegible. Por último, el formato tradicional permitirá que se archive fácilmente y la posibilidad de introducirlo en carpetas sin tener que recurrir a dobleces, poco funcionales a la hora de conservarlo o leerlo. Por otra parte, es necesario evitar papel con membretes no pertinentes como:

— escudos heráldicos o títulos nobiliarios;
— nombres de hoteles o residencias desde los que se escribe;
— nombres de compañías aéreas con las que se está viajando, aunque sea por importantes motivos de trabajo;
— nombres de sociedades, empresas o estudios profesionales con los que se esté relacionado.

El único membrete permitido está compuesto por el nombre, apellidos, dirección y teléfono. En este caso se situará en la parte superior izquierda, como aquí se muestra:

```
Pablo González Huerta
Plaza Mayor, 32
08013 Barcelona
Tel.: (167) 345 444
```

Se debe colocar en primer lugar el nombre y después los apellidos (sólo se hace al revés en las listas); se escriben en mayúscula las iniciales y no el nombre completo; la dirección debe aparecer completa, incluido el código postal. Además, no se debe olvidar especificar el número de teléfono precedido del código de cada provincia, no siendo por otra parte aconsejable subrayar el membrete. No es necesario que utilice su propio papel de carta con membrete ya que es igualmente eficaz el escrito a máquina.

Sin embargo, procure evitar las titulaciones académicas y honoríficas y abreviaturas como *dr.*, *ing.*, *arq.*, *del.*, etc. Las calificaciones y los títulos obtenidos se especificarán más adelante con mayor detalle y precisión. No es necesario que aparezcan en el membrete otros datos como pueden ser el número de identificación fiscal, el documento nacional de identidad o el número de inscripción al colegio profesional. Generalmente son datos que no deben facilitarse en el currículum vitae puesto que no determinan la validez de su candidatura; es conveniente abstenerse del uso de tampones para estampar el membrete: es mucho mejor escribirlo a máquina.

En resumen

• El papel debe ser blanco.

• El formato y la calidad del papel deben ser los tradicionales.

• No use papel de colores, pergamino, papel de seda u hojas de cuaderno.

• Se recomienda utilizar membrete, ya sea escrito a máquina o impreso.

Disposición gráfica

Todo lo que aparezca en la hoja de papel debe presentarse de forma clara, ordenada y limpia. Así pues, se planteará una disposición gráfica racional que motive su lectura gracias a un esquema simple, eficaz y aplicable a las diversas partes del currículum.

Veamos en este ejemplo un tipo de disposición eficaz y fácil de realizar:

(A)
membrete

(B)
título de la hoja

(C)	(D)
enumeración de los datos	desarrollo de los datos
_____	_____
_____	_____
_____	_____
_____	_____
_____	_____

A: nombre, apellidos, dirección y número de teléfono.
B: datos personales en una hoja; el currículum profesional en otra.

C: datos registrados, estudios, idiomas, etc., en el caso de la hoja de datos personales, o bien datos sobre las diversas experiencias laborales en el caso de la hoja con el currículum profesional.

D: descripción detallada de todo lo enumerado en el punto anterior.

Currículum manuscrito

En el mismo momento en que uno toma la decisión de escribir su currículum le asalta una duda: ¿qué será mejor, escribirlo a mano o a máquina? ¿Cuál de los dos dará una impresión mejor? ¿Qué sistema favorecerá mi candidatura?

Hay que precisar, antes de nada, que no se debe plantear la duda en ningún momento cuando el candidato sabe que tiene una letra ilegible, desordenada y poco clara. Ciertamente es difícil valorar de forma objetiva las características propias y expresar un juicio sereno sobre algo que tiene que ver con uno mismo pero, en el caso de la forma de escribir, serán de gran ayuda los comentarios habituales de amigos y familiares a la hora de juzgar su claridad y comprensión. ¡Mucho mejor ser severos en el juicio! No se deje llevar por el hecho de que le guste o no su letra: métase en la piel de un seleccionador que no le conoce y jamás ha leído algo escrito por usted. Si cree que la lectura no será fluida, rápida y sin equívocos, deje inmediatamente el bolígrafo y utilice la máquina de escribir o el ordenador.

Un currículum que se haya escrito de manera ilegible o difícilmente descifrable tiene muchas posibilidades de acabar en la papelera y, aunque no sea así, está destinado a caer en la más absoluta de las indiferencias.

Con excepción de los casos en los que se especifica que el currículum debe ser manuscrito, sólo se puede recurrir a la escritura a mano tras un examen crítico y sin olvidar que, generalmente, quien lea su currículum no tendrá preferencias especiales, pero (como ya hemos insistido varias veces quiere tener ante sus ojos un documento claro y que se lea rápido.

Si a pesar de todo se decide a escribirlo a mano, recuerde que todo el currículum tendrá un tono más personal; por otra parte, transmitirá la sensación de haberse realizado con extremado cuidado, centrándose exclusivamente en esa oportunidad laboral. Por dicha razón se tendrá que enviar siempre un currículum manuscrito original dejando de lado las fotocopias. El tipo de papel utilizado debe ser el normal, es decir, como ya se ha dicho anteriormente, de calidad y formato tradicional. Por lo tanto, queda terminantemente prohibido doblar la hoja en cuatro (en formato cuaderno para entendernos): utilícelo para sus cartas personales y no para los contactos profesionales.

Si habitualmente escribe con pluma estilográfica de tinta, utilícela con seguridad: la carta tendrá un tono maduro y elegante.

Si por el contrario no se siente a gusto con este instrumento de escritura y teme dejar feos borrones de tinta o rayotes poco estéticos, recurra al clásico bolígrafo. En ambos casos la tinta tendrá que ser negra o azul, sin concesiones a colores extraños. Evite los rotuladores de colores vivos o marcados que impiden que la lectura sea fácil y rápida.

¿Se someterá el currículum manuscrito a un examen grafológico? ¿Existe la posibilidad de que, de modo involuntario y sin saberlo, se estén facilitando detalles y cualidades determinantes de la persona que lo escribe? ¿Se descubrirán rasgos de la personalidad, tal vez desconocidos para el mismo solicitante, o que, por otra parte, preferiría mantener fuera del alcance de los demás? Sin duda, el currículum escrito a mano se presta a sufrir un examen de personalidad a manos de expertos en grafología. Hoy día la grafología es una ciencia consolidada y reconocida: un experto puede trazar verdaderamente un cuadro psicológico y de comportamiento de quien lo escriba, completo y fiable.

A pesar de lo dicho es importante señalar que el examen grafológico sólo se realizará en los casos de especial importancia y nunca como único e inapelable instrumento de selección y valoración. En otras palabras, nadie queda excluido *a priori* del proceso de selección sin pasar a la entrevista sólo porque el examen grafológico revele ciertos aspectos de su personalidad.

Generalmente, dados los gastos y el tiempo necesarios para llevar a cabo un estudio de la escritura, este se utiliza (y no siempre) en la fase final de la selección, es decir, cuando se trata de completar los datos adquiridos con información posterior y más relevante con el fin de facilitar la última elección.

Otra situación en la que se podría echar mano de la grafología es la tocante a una selección de alto nivel, donde cualquier información sobre la personalidad del director destinado a ejercer cargos de confianza y responsabilidad es de gran valor.

En resumen

• Escriba el currículum a mano sólo cuando esté seguro que posee una letra clara y fácilmente legible.

• Utilice una pluma estilográfica o un bolígrafo para redactarlo, según cuál maneje mejor: evite los rotuladores y marcadores.

• Tinta negra o azul: evite los carnavales de color.

• Envíe siempre el original y no una fotocopia.

Currículum mecanografiado

Resulta bastante evidente que la escritura a máquina es el sistema más conveniente y menos complicado: de hecho no existe ninguna razón para desaconsejar su uso. Si bien la carta en su conjunto tendrá un tono menos personal que la manuscrita, será con toda seguridad más clara y permitirá una lectura más rápida. También en este caso debe utilizar sólo tinta negra: no es necesario resaltar las partes que consideremos subjetivamente más importantes usando otro color. Deje que los contenidos hablen por sí mismos y que quien lo lea valore personalmente los aspectos sobresalientes y, para él, más interesantes del currículum.

Los caracteres que debe utilizar son los tradicionales: evite la cursiva y la negrita que no siempre permiten una lectura rápida y clara. Preste también atención a la distancia entre las líneas: la página, en conjunto, deberá verse llena pero armoniosa y ser de lectura agradable. Recurra para ello a espaciados medios de manera que las líneas no queden demasiado apretadas ni demasiado separadas. Y ahora hagamos una pequeña apreciación sobre los errores al teclear. El currículum que va a enviar debe estar limpio, sin errores ni correcciones aparentes y antiestéticas. Tenga cuidado, por lo tanto, de eliminar bien los errores en el original. Para conseguirlo no hay duda de que el medio más eficaz es el corrector blanco (una pintura diluida que se aplica con un pequeño pincel directamente sobre el papel). Evite las gomas de borrar demasiado fuertes que pelan y estropean el papel al igual que los tachones con bolígrafo. Siempre será preferible repetir el currículum.

En resumen

- Escribir el currículum a máquina es más eficaz y crea menos problemas.

- Es preciso recurrir a un tipo de letra tradicional y emplear tinta negra.

- Las páginas deben estar limpias, es decir, sin errores ni correcciones.

Currículum fotocopiado

Una vez que se haya escrito a máquina el currículum, es conveniente realizar diversas copias del mismo original a las que se podrá recurrir en otras ocasiones sin tener que volver a prepararlo (siempre y cuando no deban modificarse los datos).

Por otra parte, podrán actualizarse periódicamente aquellas partes que hayan sufrido alguna variación (por ejemplo, el domicilio, el número de teléfono, el cargo, etc.).

Conviene poner una especial atención a la hora de fotocopiarlo, ya que las copias deben ser más limpias y claras que el original, sobre todo si se ha efectuado alguna corrección.

Las fotocopias mal colocadas, torcidas, con los caracteres descoloridos o demasiado oscuros e incluso con algunas partes veladas o rayadas, deben desecharse.

Es preciso ser muy exigentes, pues la impresión que suscite un currículum mal presentado será muy negativa: el atolondramiento, el descuido, la desgana e incluso la cicatería son algunas de las causas de que se desestime una solicitud.

En resumen

• Puede resultar práctico y oportuno hacer varias fotocopias de cada original.

• La fotocopia debe ser perfecta, limpia, bien centrada y ordenada.

Currículum escrito con ordenador

De algún tiempo a esta parte, gracias a la difusión de la informática y el consiguiente aumento del interés por las nuevas

tecnologías, se ven currículum realizados con un sistema de vi-
deo-escritura compuesto por un ordenador personal y una im-
presora o con programas similares de escritura electrónica. Es
fácil adivinar que con el progresivo aumento de personas que
se valen de estos nuevos instrumentos crecerá también su uso
para fines personales. Todo esto va implícito en la misma natu-
raleza del progreso y del avance tecnológico: en un futuro,
quizá no muy lejano, los currículum en papel se sustituirán por
disquetes o por otros instrumentos destinados a ser archivados
electrónicamente.

Sin embargo, vale la pena también hacer algunas consideraciones. Se simplifica muchísimo la escritura: se escribe más rápido que con la máquina tradicional, las correcciones se hacen en
el acto y automáticamente y se pueden incluir partes sin tener
que volver a mecanografiar todo el texto. Frente a estas induda-
bles ventajas hay que hacer notar, al menos en lo tocante a una
impresión normal (dejemos de lado el caso de la impresión láser,
de resultados muy similares a los de una impresión por fotocom-
posición) que los caracteres quedan ligeramente menos marcados y todo el texto adquiere un carácter menos evidente y con
menos contraste. Como resultado, la lectura cansa más. Pero
¿qué impresión causa un currículum realizado con ordenador?
¿Qué tipo de juicio provocará?

Podemos decir que no produce reacciones especiales, aunque hay que señalar que en general el currículum escrito con ordenador posee un tono más técnico y menos personal. Por otra
parte, escribir con un ordenador personal no significa necesariamente que quien lo haga posea conocimientos demasiado pro-
fundos de informática.

En definitiva, no conviene tener reservas al uso de este apa-
rato pero tampoco sobrevalorar su impacto sobre el destinatario.

Si por cuestiones de trabajo o por entretenimiento utiliza
mucho este sistema puede recurrir a él con tranquilidad; tenga

cuidado, de todas formas, y evite las hojas de papel continuo y elija un tipo de papel blanco y normal, tanto por su calidad como por su formato, que producirá una mejor impresión.

Si se suman todas sus características, el currículum redactado con ordenador resulta, sin embargo, más frío que el escrito a máquina.

En resumen

• Si utiliza habitualmente el ordenador, no se le planteará ningún problema.

• Evite el papel de impresión continua.

• Recuerde que si redacta con un ordenador el currículum, este tendrá una apariencia más técnica, menos personalizada.

• No demuestra que se posea una especial habilidad en el uso de las nuevas tecnologías.

Certificados y justificantes

A menudo los seleccionadores encuentran junto al currículum justificantes de todo tipo: cartilla militar, certificado de estudios universitarios, reconocimientos de méritos, cartas de recomendación de anteriores puestos de trabajo, etc.

Queda patente por parte del candidato el intento de justificar sus méritos con documentos objetivos que hablen en su favor y puedan constituir así una ventaja frente a competidores desprovistos de tales referencias. Dejemos claro desde este mismo instante que es inútil y banal: la presentación del currículum no es el único factor decisivo del destino profesional de una persona. Sólo constituye una primera toma de contacto que es importante valorar lo mejor posible. Si los requisitos y la experiencia declarados se encuentran interesantes para entrar en el proceso de selección, el candidato tendrá la posibilidad de dar más detalles. Es en esta segunda fase, en la entrevista de selección y el contacto directo con la empresa o con la oficina encargada de la búsqueda, cuando es preferible, si desea hacerlo, presentar las referencias y los documentos pertinentes.

En un principio, cuando el contacto es sólo epistolar, parece que el envío de referencias fuerce inútilmente las cosas, que sea un intento de capturar de algún modo la benevolencia y la atención del interlocutor.

Tal vez vale la pena insistir, no obstante, en que un seleccionador curtido no se deja impresionar por la cantidad de papel enviado. Es más, puede estar seguro que leerá con atención el currículum verdadero pero que no considerará todo lo demás: si el candidato ha escrito que es diplomado, ¿por qué debería el seleccionador leer con detalle el diploma con todas sus convalidaciones burocráticas?

Ya hemos tratado al comienzo de este libro este aspecto y no volveremos a repetirlo. Sólo se debe insistir en la inutilidad de las referencias, cuanto más numerosas y voluminosas, más contraproducentes.

Pero, atención: si desea, a pesar de todo, enviar material adjunto al currículum tenga cuidado de que sea en fotocopia y no el original. No es probable que se lo devuelvan a menos que se haya asegurado previamente.

Una precisión más: en algunas ocasiones hay candidatos que no se limitan a añadir documentos de tipo personal, sino también documentos con datos sobre la renta, en la mayoría de las veces reservados y cuya difusión no está prevista. Hacer esto no sólo es inútil sino también contraproducente: es señal de ligereza, poca fiabilidad y falta de confidencialidad.

En qué idioma responder

A menos que se haya solicitado con anterioridad, deberá escribir el currículum en español, evitando las ostentaciones lingüísticas.

Sólo se redactará en lengua extranjera cuando el anuncio no esté redactado en español: evidentemente la empresa anunciante espera que se le responda en la misma lengua en la que se escribió. En los demás casos es inútil, si no contraproducente, porque no hay razón para suponer que la persona que vaya a leer el currículum tenga conocimientos del idioma que se utilice. Entonces, ¿por qué correr el riesgo de malgastar buena parte de la información facilitada?

Y no sólo esto. ¿Por qué hacer una ostentación inútil (y sobre todo gratuita) de sus conocimientos del idioma? Así pues, la regla es muy sencilla: responda en un idioma extranjero sólo si el anuncio está escrito en esa lengua o si se requiere expresamente.

E incluso cuando se solicita, por ejemplo, un óptimo conocimiento del inglés, se deberá demostrar su posesión a lo largo de sucesivas pruebas. Siempre, volvemos a repetirlo, que no se pida una respuesta en otro idioma.

Es todavía peor solución enviar una doble edición del currículum, con una versión en español y una traducción a otra lengua. El efecto será redundante y completamente inútil.

El estilo más adecuado

A la hora de redactar un currículum vitae es imprescindible ceñirse a un estilo de escritura simple y lineal. El esfuerzo por sintetizar, del que ya hemos hablado, se debe traducir en un lenguaje limpio, claro, capaz de transmitir con rapidez la calidad y el tipo de experiencia descritas. Por consiguiente es recomendable evitar un estilo prolijo, florituras poéticas o seudoliterarias y divagaciones fantásticas, sobre todo si no forman parte de su estilo habitual y se construyen sólo con la finalidad de impresionar a la persona que ha de valorar el currículum.

Recuerde que al envío del currículum, si este tiene éxito, sucederá necesariamente un contacto personal: será por lo tanto inútil utilizar un lenguaje solemne y refinado (probablemente prestado por un amigo) si después al hablar se suele expresar de forma sencilla y poco sofisticada. El estilo, en otras palabras, además de ser lineal y conciso, debe ser también el habitual en la persona que lo usa. Así pues utilice un lenguaje coloquial, con las palabras e imágenes que se encuentran normalmente en su manera de hablar (¡por supuesto tenga cuidado con la gramática y la sintaxis!): de este modo la carta, al ser concisa e ir directamente a su objetivo, mantendrá un tono personal y más comunicativo.

Que haya de ser breve y redactada en tono sencillo no quiere decir en absoluto que se haya de adoptar un lenguaje estándar y burocrático: si fuera así bastaría con limitarse a rellenar los impresos que cada empresa hace cumplimentar a sus propios candidatos.

Exprésese, por lo tanto, de forma sencilla y espontánea pero recurra al estilo con el que se sienta más a gusto, sin quedar atrapado dentro de formulaciones preconcebidas. Si prefiere contar quién es y qué ha hecho de forma esquemática, reduciendo al máximo la participación personal y los comentarios, hágalo de acuerdo con su criterio.

Si, por el contrario, se siente más a gusto con un estilo discursivo y coloquial, menos esquematizado pero no por eso evasivo, siga sus inclinaciones prestando siempre atención a la brevedad y al contenido profesional de todo lo que escriba.

Relacionada con este aspecto, se halla una pregunta que parece que los candidatos se plantean a menudo: ¿es mejor redactar en primera persona *(soy, he estudiado, trabajo)* o bien usar la tercera persona del singular *(se ha licenciado, ocupa el puesto de trabajo*, etc.). No existe ninguna duda a nuestro parecer: escriba siempre en primera persona. De este modo se comunicará de forma más directa, personal y simpática. Dejemos la tercera persona del singular para los documentos burocráticos, los discursos oficiales y los libros de memorias. ¿Por qué hablar de uno mismo como si fuera él?

Lectura final

Para cerrar este capítulo queremos añadir un consejo práctico que tal vez parezca superfluo pero que puede llegar a ser de gran valor para evitar resbalar con una piel de plátano. Tras redactar el contenido de sus hojas de currículum, vuelva a leer atentamente todo lo que ha escrito, preferiblemente al día siguiente y con la mente fría. Busque, sobre todo, posibles errores al mecanografiar; juzgue el estilo que haya utilizado, la coherencia y la estructura lógica y temporal de los elementos que aparezcan; controle, finalmente, que haya conseguido los objetivos que se planteó en un principio:

— sinceridad;
— totalidad;
— claridad;
— concisión.

Controle con ojo crítico que no haya cometido errores al redactarlo:

— ¿me he sobrevalorado demasiado?;
— ¿he dicho cosas que no eran absolutamente ciertas?;

— ¿he omitido parte de la verdad?;
— ¿me he extendido mucho?

Una vez acabada esta última verificación, su currículum estará listo para ser enviado. Y no olvide nunca firmarlo con un bolígrafo aunque lo haya escrito a máquina o con ordenador.

En resumen

• No justifique su currículum con documentos ya que es del todo inútil.

• Escriba siempre en español a menos que se especifique que se ha de hacer en otro idioma o que se conteste a un anuncio escrito en otra lengua.

• Sea lineal y breve en el lenguaje pero espontáneo y natural en el estilo.

• Antes de enviarlo por correo lea los tres folios escritos por usted atentamente y con ojo crítico.

Datos personales

> • *La información indispensable y la opcional.*
>
> • *Brevedad, claridad, totalidad y sinceridad son los ingredientes de un currículum eficaz.*

Si el currículum vitae representa en su conjunto el cuadro más exacto posible de uno mismo, la información y los datos personales, en particular, constituyen una primera e indispensable impresión que se enriquecerá y completará sucesivamente con la parte relativa al trabajo y la cualificación profesional.

Quizá parezca poco importante hablar del nombre, dirección, teléfono, etc.: son datos fijos y seguros.

Por supuesto, una dirección siempre será una dirección y es más bien difícil encontrar otras complicaciones: sin embargo, ya hemos visto en capítulos previos que es muy importante no dar nada por descontado y prestar mucha atención a los detalles (todos los detalles para elaborar la mejor y más satisfactoria imagen de uno mismo. En ocasiones, los detalles pueden convertirse en un tropiezo: equivocarse en las mayúsculas puede significar mucho más que la titulación, olvidar añadir otro teléfono de contacto cuando el propio está siempre ocupado puede hacer que se pierda una ocasión importante.

Nombre

El nombre se escribe siempre antes de los apellidos. Basta con utilizar las mayúsculas en las iniciales del nombre y los apellidos, como en este ejemplo:

Javier Giménez Tena

No es conveniente poner todas las letras en mayúsculas; como máximo, si se desea que destaque más, se puede optar por escribir en mayúsculas los apellidos en el membrete superior izquierdo:

Javier GIMÉNEZ TENA

Se debe indicar el nombre auténtico, es decir, el que aparece en los documentos oficiales como el documento nacional de identidad, la tarjeta de la Seguridad Social, etc.

Así pues, evite apodos, diminutivos, seudónimos u otros nombres con los que sus amigos le conozcan. Enviar un currículum supone un contacto oficial entre dos partes que tendrán entre sí una relación estrictamente laboral, por lo cual deberá reservar el nombre familiar a los contactos personales y confidenciales; por ejemplo, cuando se relacione con sus compañeros de trabajo.

Una última precisión. Cuando indique el nombre y los apellidos no los preceda de títulos de estudio u honoríficos como doctor, ingeniero, arquitecto, etc.

El currículum ilustra de manera exacta y puntual sus calificaciones, por lo que hacer ostentación de ellas inútilmente es superfluo y puede resultar irritante a quien lo lee.

Edad

Sea sincero y preciso. Indique con exactitud el lugar y la fecha de nacimiento. Así los datos serán válidos, de modo que pueda volver a utilizar en otras ocasiones el mismo currículum.

Veamos un ejemplo:

```
Edad: Nacido en Zaragoza el 9 de octubre de
1960.
```

Por lo tanto, nada de indicaciones que necesiten ser actualizadas («tengo treinta años») ni vagas y autopromocionales («estoy sobre los cuarenta pero tengo un aspecto muy juvenil»). Si su edad es mayor o menor de la solicitada pero cree poseer las características adecuadas y desea hacer llegar su candidatura, no tema: indique exactamente la fecha de nacimiento y, en otro lugar, en la carta de presentación que acompaña al currículum, explique brevemente por qué ha contestado. Puede utilizar una explicación del tipo «...aunque mi edad es algo superior a la requerida, creo poseer todos los requisitos necesarios y la experiencia precisa para presentar mi solicitud».

Lugar de contacto habitual

Se debe indicar la dirección habitual, es decir, el lugar donde vive normalmente y en el que es fácil encontrarle. El objetivo de esta información es aportar a la empresa o a la sociedad a la que ha escrito un lugar de contacto seguro y de utilidad. Es obvio que no sirve diferenciar residencia habitual y domicilio temporal: indique la dirección más cómoda para usted y en la que le sea más fácil, por ejemplo, recibir cartas o telegramas urgentes para avisos repentinos.

Número de teléfono

Debe ser el que se corresponda con la dirección indicada. No se recomienda precisar a la hora de las comidas, a partir de las ocho, etc. Es preferible que indique también el número de teléfono de la oficina donde esté ya trabajando; de esta manera, el contacto puede ser más rápido y eficaz. Si es difícil encontrarlo en casa, se podrán evitar repeticiones e inútiles tentativas, mensajes agotadores a familiares o peligrosos retrasos para ponerse en contacto.

Cuando el problema sea la confidencialidad y tema ponerse en un compromiso con su actual empresa, no olvide que el profesional que lo llama conoce muy bien lo delicado del problema y, por lo tanto, procurará no causar problemas transmitiendo mensajes equivocados o inoportunos. Para mayor seguridad, en el caso de que se ponga en contacto con empresas pequeñas o personas con menos experiencia, bastará con señalarlo al lado del número confidencial.

Por ejemplo:

```
Teléfono
Domicilio: (077) 23 82 19.
Trabajo: (077) 30 29 27 ext. 78 (confidencial).
```

Otros contactos

Si es consciente de que es difícil de localizar en su domicilio habitual y además estará ausente de la oficina durante cierto tiempo, por lo que contactar con usted podría ser improbable, conviene que indique otro teléfono de contacto más seguro especificando a quién corresponde.

Por ejemplo:

```
Otro teléfono de contacto:
Sres. García (padres): (93) 452 33 92.
```

Si la ausencia es debida a un periodo de vacaciones o de reposo no incluya las direcciones de los hoteles o de cualquier otro establecimiento turístico. En su lugar deje el número de teléfono de una persona de confianza que sepa cómo localizarle y que se encargue de poner en su conocimiento los posibles mensajes.

En resumen

• Especifique, en primer lugar, la dirección en la que se le pueda localizar habitualmente.

• Indique el número de teléfono correspondiente.

• Es aconsejable que incluya también el número de su lugar de trabajo.

• Si es difícil de localizar, indique el número de teléfono de una persona de su confianza que pueda comunicarle los posibles mensajes.

Nacionalidad

Es conveniente declararla aunque sea española y pueda darse, por lo tanto, por descontado. Si la nacionalidad de origen es diferente a la actual, indique ambas con la fecha del cambio.

Estado civil y situación familiar

En primer lugar, especifique su estado civil, que puede ser:

— soltero, -a;
— casado, -a;
— separado, -a;
— divorciado, -a;
— viudo, -a.

No se sienta obligado a explicar su situación familiar. Sin embargo, hágalo cuando crea que puede condicionar de forma determinante alguna oportunidad de trabajo. Por ejemplo, una convivencia de hecho probada puede influir fuertemente a la hora de plantearse un cambio de ciudad o de país. Por el mismo motivo es oportuno indicar el número de hijos y su edad así como aludir al cónyuge y su actividad.

Por ejemplo:

```
Composición familiar
Casado, con dos hijos (10 y 8 años); mi espo-
sa es licenciada en arquitectura y trabaja en
un estudio de renombre.
```

En resumen

• Se debe declarar la nacionalidad, el estado civil y una breve información sobre la familia (edad de los hijos, actividad del cónyuge).

Datos físicos

Es bastante habitual, al leer un currículum, encontrar indicaciones relativas al aspecto, peso, altura o salud. ¿Se deben incluir, tienen un valor verdaderamente útil y, sobre todo, cómo y en qué medida se toman en consideración?

Dejemos claro que los datos que tienen que ver con el aspecto físico sólo son determinantes cuando se solicita realizar una actividad o profesión en la que el aspecto exterior (que, por supuesto, debe ser agradable y cuidado) tenga una importancia específica.

71

Dejando de lado los casos más evidentes como, por ejemplo, los de modelo o asistente de vuelo, queda claro que todo aquel que desee trabajar como animador en un complejo turístico, representante de comercio con artículos relacionados con la moda, la imagen o la belleza, hará bien en especificar algunos datos escuetos que pongan de manifiesto su buena forma física (altura, peso, etc.).

En la mayor parte de los cargos profesionales no se requieren, sin embargo, características físicas específicas, por lo que queda fuera de lugar incluir datos al respecto (a menos que, obviamente, venga expresamente solicitado en el texto del anuncio).

Aún es más inoportuno declarar que «gozo de buena salud», «estoy en óptima forma física», etc. Por supuesto ningún candidato escribiría lo contrario; las condiciones reales de salud se comprobarán mediante la oportuna revisión médica antes de la contratación (no todas las empresas obligan a hacerlo).

¿Cómo se pueden mencionar los posibles defectos físicos, minusvalías o características especiales? Si su valía profesional está más que consolidada, si cuenta con una experiencia laboral cualificada y concreta no es necesario que haga ninguna mención. Se considerará y examinará atentamente la profesionalidad adquirida (si ya desarrolla su trabajo quiere decir que es capaz de realizarlo eficazmente y de igual manera que otra persona).

No será lo mismo para quien se ofrece sin contar con una experiencia profesional notable, por ejemplo, los jóvenes que acceden a su primer empleo. Al especificar sus características se podrán evitar propuestas de trabajo inadecuadas o del todo inaceptables.

Relacionado con las características físicas se halla el tema de la conveniencia de incluir o no una fotografía en el currículum.

¿Con o sin fotografía? Y de adjuntarla, ¿de qué tipo?

En general, se debe aplicar el mismo criterio que con los datos físicos. Se debe hacer cuando se solicita expresamente. Normalmente en estos casos se especifica también qué tipo de fotografía:

de carnet, cuerpo entero o ambos. En las demás ocasiones, envíela sólo en caso de que el aspecto físico desempeñe realmente una función determinante en el trabajo al que opta. Elija una fotografía normal, de tamaño carnet (¡nada de postales!), en la que aparezca solo (nada de grupos familiares), preferiblemente sin otras imágenes (ni vistas, ni lugares exóticos, ni vacaciones). Escoja una fotografía que le guste pero ciñéndose a los criterios de sobriedad y oficialidad; no aparezca en bañador (¡no es la primera vez que se ve!), ni con la camisa abierta, ni en traje de noche especial para Nochevieja. Las únicas concesiones a la creatividad corresponden a los que trabajen en el mundo del espectáculo, la comunicación o la publicidad: en estos casos podrá dar rienda suelta a su fantasía si bien siempre dentro del buen gusto.

En resumen

• Especifique la altura, peso o rasgos particulares cuando se solicite expresamente o cuando se trate de un trabajo en el que el aspecto físico sea determinante.

• Sirve el mismo criterio para la fotografía que, de todas formas, deberá ser:

— tamaño carnet;
— sin imágenes adicionales como grupos, vistas, etc.;
— de buena calidad pero sobria y oficial, es decir, nada de bañadores, ni trajes de noche, etc.

Estudios

La parte relativa a los estudios es de gran importancia porque contribuye a determinar el perfil profesional; en el caso del primer empleo es el elemento fundamental que condiciona el ingreso y el destino venidero en el mundo del trabajo (también pesan los intereses personales y la actitud, ¡no lo olvidemos!).

Debido a su gran importancia esta parte se debe redactar siempre con atención y cuidado, sin descuidar tampoco las consabidas concisión y claridad.

En primer lugar hay que reflejar los cursos oficiales preuniversitarios terminados colocándolos por el orden cronológico de obtención del título. También es necesario especificar el tipo de título obtenido, citando incluso la nota correspondiente si esta es especialmente sobresaliente. Por el contrario, se puede evitar con toda tranquilidad la localidad y el nombre del instituto donde estudió: de hecho, es una información de escasa repercusión para el seleccionador. Como mucho puede demostrar que su familia ha vivido siempre en el mismo lugar o, por el contrario, sugerir un tipo de vida caracterizado por los continuos cambios de ambiente y mudanzas (pero, volvemos a insistir, se trata de información poco relevante).

No sucede lo mismo en el caso de los estudios universitarios, ya que es importante especificar siempre y con exactitud el centro en el que se han cursado.

Cada universidad se caracteriza, evidentemente, por su plan de estudios o por la fama de su cuerpo académico, o incluso por los criterios de valoración de los estudiantes. Así se habla, por ejemplo, de la Universidad Católica de… (nombre de la ciudad), de la Universidad Autónoma de..., de la Universidad Politécnica de..., etc.

También es importante especificar la facultad a la que se asistió y la titulación que se ha conseguido.

Veamos algunos ejemplos:

```
Universidad de Salamanca.
Facultad de Letras.
Licenciado en Filosofía en 1980.
```

74

```
Universidad Carlos III de Madrid.
Facultad de Medicina.
Licenciado en Pediatría en 1985.
```

Otro ejemplo:

```
Universidad Politécnica de Barcelona.
Facultad de Ingeniería.
Licenciado en Ingeniería mecánica en 1985.
```

No es necesario incluir el título y el tema de la tesis, a menos que se especifique.

No se olvide nunca de precisar el año de obtención de cada uno de los títulos, tanto los de escuela superior como los de licenciatura.

Omitirlos, quizá por un simple olvido, podría interpretarse como un intento de pasar por alto un expediente académico tal vez un poco accidentado.

Además de prestar mucha atención a los estudios no se debe olvidar la coherencia de las fechas que los separan para reflejar una información indirecta sobre la personalidad del candidato, el modo de afrontar las tareas con tesón, de alcanzar sus objetivos. Todo esto no debe asustar, sin embargo, a quien no posea una expediente académico brillante. En efecto, son muchas las razones que pueden provocar «irregularidades» en la trayectoria de una persona.

El currículum, digámoslo una vez más, se valora de forma global. De este modo puede, por ejemplo, reflejar que se descuidaron los estudios por motivos de trabajo (currículum profesional), o bien por el nacimiento de un hijo (datos personales).

¿Cómo se puede actuar en el caso de que se hayan interrumpido los estudios, de que no se hayan conseguido las titulaciones a pesar de que se haya asistido con regularidad?

Es bueno hablar de ello: esos años representan de todas formas un bagaje cultural que enriquece su carácter y contribuye a su formación. Indique los años de asistencia en el caso de que haya interrumpido sus estudios universitarios.

Por ejemplo:

```
Diploma  de  primer  ciclo  de  licenciatura
(1974).
Realizados  los  dos  primeros  cursos  de  la  li-
cenciatura  en  Derecho.
```

O bien:

```
Certificado  de  estudios  (1988).
Universidad  de  Granada.
Facultad  de  Medicina.
Realizados  los  tres  primeros  años  de  la  li-
cenciatura.
```

En muchas ocasiones las empresas, aunque estén buscando personal licenciado, se dirigen también hacia los candidatos desprovistos de titulación pero con una cultura universitaria en consonancia con la profesión.

Por último, continúe siendo sincero. Las informaciones que detalla se pueden verificar con facilidad, por lo que inventar no sirve para nada y puede constituir un riesgo.

No caiga en el exceso contrario en este tema, es decir, no comience a ratificar todo lo expuesto con títulos, declaraciones de la escuela o certificados de estudios. Jamás debe enviar ni fotocopias ni originales (no se le devolverán porque no se le habían pedido).

Este tipo de justificantes no se toman en consideración y sólo constituyen un engorro a la hora de enviar el currículum y de archivarlo.

En resumen

• Titulación preuniversitaria. Indique el tipo de título obtenido y la fecha.

• Licenciatura. Especifique con exactitud la universidad a la que asistió y la ciudad donde se encuentra. A continuación indique la facultad, la especialidad y el año de titulación.

• Estudios interrumpidos. Indique el tipo de estudios tal y como se ha indicado anteriormente precisando hasta qué año asistió.

• En todos los casos:

— sea exacto y sincero;
— no justifique ni con originales ni con fotocopias;
— nada de títulos, ni de cartas de recomendación ni de certificados de estudios.

Otros cursos

Es muy probable que en alguna ocasión haya sentido la necesidad de profundizar en una materia determinada para tener una preparación mejor a la hora de abrirse paso en el mundo laboral o para pulir los conocimientos que posee. Actualmente existe una infinidad de escuelas, tanto públicas como privadas, que ofrecen la posibilidad de asistir a cursos de especialización en campos muy diversos que van, por ejemplo, desde la informática (operador, programador, etc.) a la contabilidad (administrador, impuestos y contribuciones), la taquigrafía y la mecanografía, diseño, publicidad… Las materias de estudio, como ya hemos dicho, pueden representar una ampliación de conocimientos y temas que ya se tocaron en la escuela o bien pueden ser una toma de contacto y una formación básica nueva para alguien que antes se ha decantado por otros estudios. Hay mucha diferencia entre los cursos por razones como la presentación, las materias tratadas, la duración o la oferta cualificada. Por supuesto, es conveniente señalar en el currículum su asistencia: son datos que pueden obrar en su favor y, por lo tanto, es importante especificarlos.

Pero hágalo con referencias precisas y detalladas. Debe quedar claro el tipo de curso que se ha realizado, la escuela o instituto al que se ha asistido, la duración, el tipo de asistencia (a tiempo completo o sólo algunas horas).

Veamos algunos ejemplos:

Cursos de especialización:
Curso de programación en la Escuela de Informática de Santander con una duración de 9 meses a tiempo completo (1985).

Otro ejemplo:

Diploma de taquigrafía extendido por el instituto privado… de Cáceres con una duración de 5 meses a razón de una hora diaria (1985).

Cursos de especialización:
Diploma de diseño publicitario otorgado por la escuela… de Málaga de una duración de 2 años a tiempo completo (1984-1985).

Idiomas

Vamos a dedicar un apartado a los conocimientos de lenguas extranjeras para que quede muy clara la importancia que tienen dentro del mundo laboral. Existen actividades para las que el dominio, por ejemplo, del francés o el inglés es completamente indispensable y, en general, el conocimiento de un idioma supone una tarjeta de visita determinante.

En general, dominar más o menos una o varias lenguas favorece una mayor movilidad dentro del mercado laboral y suma puntos a la hora de escalar hacia puestos de mayor responsabilidad. Debido a que se ha asumido este aspecto, sobre todo por parte de las nuevas generaciones, son cada vez más numerosas las personas que asisten a cursos en academias, en el extranjero, intercambios, etc. En cualquier caso, lo que quiere el seleccionador es saber qué idioma ha estudiado y cómo se desenvuelve con él a nivel escrito y hablado. Ciertamente juzgarse es una tarea difícil y en un momento como este es fácil caer en la tentación de valorarse en exceso. Así pues intente ser, además de sincero, claro y exacto cuando formule la información. Evite adjetivos genéricos como *perfecto, óptimo, muy bueno* (no todos damos el mismo significado al mismo adjetivo). Decántese preferiblemente por términos como *elemental, correcto, fluido, lengua materna*, etc.

Por ejemplo:

```
Idiomas

Inglés: hablado y escrito a nivel elemental.

Francés: hablado fluido, escrito correcto.

Alemán: lengua materna.
```

Y, por supuesto, haga notar los cursos de especialización que haya realizado y las estancias en el extranjero. Aquí también son válidos los consejos facilitados previamente sobre los cursos de especialización. No olvidemos decir que también es necesario indicar el curso y el centro al que se ha asistido, la duración y las fechas, el tipo de curso, el nivel alcanzado (y que se indica en el diploma final).

Por ejemplo:

```
Curso de francés realizado en el instituto... de
Barcelona (1997). Duración: 6 meses (2 horas
semanales).

Curso de inglés en el centro... de Brighton (4 se-
manas) (1995).
```

Aficiones

Resulta difícil decidir clara e inequívocamente sobre la conveniencia o no de indicar las aficiones preferidas, las actividades realizadas fuera del trabajo, los intereses personales, etc.

Primeramente hay que aclarar que nunca se exige que se citen en el currículum.

Significa, por lo tanto, que si no se especifican no se van a echar de menos y, con toda seguridad, no cometerá ningún error. Los intereses personales completan el cuadro total de la personalidad del candidato que, sin embargo (no debemos olvidar), aparece plenamente en la entrevista personal. Por supuesto no es un elemento discriminatorio (ni positivo ni negativo) el hecho de, por ejemplo, practicar el esquí, ser un apasionado de la lectura o formar parte de un equipo de mus, aunque es bien cierto que las aficiones declaradas pueden representar en ocasiones la imagen de una persona culta, dinámica, refinada.

Volvemos a insistir en que las valoraciones de este tipo sólo son significativas y, por consiguiente, importantes para el éxito de una selección cuando son el resultado de una entrevista. En términos generales podemos decir que para la mayoría de los cargos profesionales, los encargados de proporcionar empleo no consideran ni prestan mucha atención a la enumeración de las aficiones.

Como siempre, existen excepciones. Al igual que lo expuesto con respecto a los datos físicos, será oportuno especificar brevemente las aficiones y las habilidades extraprofesionales cuando tengan algún punto en común con el puesto de trabajo al que se opta (están completamente desaconsejadas las indicaciones muy genéricas del tipo «leo» y «voy al cine»).

Volviendo a los ejemplos citados antes y que son muy evidentes, un aspirante a animador de complejos turísticos hará bien en indicar los deportes que practica y su nivel en ellos. Es obvio que la persona que vaya a cubrir este puesto de trabajo deberá tener una buena forma física, cierta agilidad, un carácter deportivo y dinámico y practicar algún deporte. Si desea sumergirse en el mundo de los ordenadores y la informática y no tiene experiencia laboral en este campo, sino únicamente práctica como aficionado en un pequeño ordenador en casa, sin duda debe hacerlo saber.

En resumen

• En la mayoría de las ocasiones no es necesario enumerar las aficiones, intereses, actividades culturales, etc.

• Cítelas en cambio cuando estén relacionadas directamente y sean de utilidad para el trabajo al que aspira.

Servicio militar

Todo el mundo sabe, aunque no siempre se admita, que las empresas están interesadas en contratar personal masculino sólo si ha cumplido el servicio militar.

Por lo tanto es necesario que los jóvenes que busquen su primer empleo especifiquen claramente su posición (servicio militar cumplido, exento, en espera de licenciarse, etc.).

Omitir este tipo de información puede sugerir la impresión de no querer contar con sinceridad su situación y, por consiguiente, causar una reacción negativa en quien lo lee.

Si en cambio el servicio militar es tan sólo un bello recuerdo de la juventud, basta con que cite el año en que se licenció. De este modo estarán completos todos los datos referentes a la experiencia como a los estudios y el servicio militar.

En resumen

• Indique exactamente su situación con respecto al servicio militar.

Referencias

A menos que se soliciten, absténgase categóricamente de citar en el currículum nombres, calificaciones y contactos de personas que sirvan de referencia. En esta primera fase está completamente fuera de lugar y puede llegar a ser muy inoportuno. Lo que cuenta ahora son los requisitos y sus características y no necesita testimonios que hablen en su favor.

Si a pesar de todo quiere usar el peso y la importancia de un personaje citado, tenga cuidado de no despertar en la persona que lo lea el sentimiento opuesto, es decir, fastidio o irritación. Muchas empresas solicitan adjuntar referencias a un número reducido de candidatos, los que se consideran más atractivos.

Sólo es aconsejable facilitar referencias en una fase sucesiva de los contactos, cuando se mira con mayor atención y cuidado que al leer un currículum estándar.

En resumen

• Excepto en el caso de que se soliciten expresamente, no indique nombres, calificaciones o contactos que puedan servir de referencia.

• Prevea la posibilidad de mostrar referencias cuando se encuentre en una fase más avanzada de los contactos.

Currículum profesional

- *Qué experiencias es necesario describir en detalle y cuáles se pueden resumir en pocas palabras.*

- *Es de vital importancia preocuparse por los contenidos pero también por la forma.*

Indicaciones generales

Con la parte relativa al currículum profesional entramos de lleno en el argumento central de este libro. Esto no significa que lo que se ha explicado hasta ahora no tenga importancia, nada más lejos, pero salta a la vista que la experiencia profesional marca y establece con exactitud lo adecuado o no de un nuevo puesto de trabajo (también dedicaremos un apartado a los jóvenes que buscan su primer empleo).

Hacemos de nuevo hincapié en que se deben presentar los datos de manera sintética pero clara, precisa pero completa, sobre todo en esta parte del currículum, ya que se puede verificar y controlar con facilidad todo lo dicho en la misma. Ilustraremos cómo presentar los periodos no demasiado positivos o finalizados de manera poco clara: a pesar de todo no es conveniente evitarlos o esconderlos a menos que cubran espacios de tiempo muy breves (varias semanas, algunos meses). Lapsos mayores de tiempo constituirían agujeros difíciles de comprender y por ello susceptibles de calificarse de sospechosos.

Aparte de las omisiones deliberadas y hechas con conocimiento de causa existe siempre la posibilidad de equivocarse al no recordar con exactitud una fecha o un nombre.

Estos errores deben evitarse tajantemente en el currículum. Y no porque las empresas vayan detrás de la perfección absoluta, sino porque se supone que el currículum es un documento realizado con cuidado y esmero y no debe, por esta razón, dar en ningún momento la impresión de haberse hecho con prisas, superficialmente o sin prestar mucha atención.

Los impresos que sean facilitados directamente por la empresa de selección o la empresa contratante se deben rellenar, generalmente, en el momento justo antes de la entrevista. Es, por tanto, comprensible, sobre todo si se cuenta con una extensa y diversa relación de empleos que haga imposible recordar con detalle todos los datos exigidos. Pero el currículum es otra cosa. Se redacta en casa, presumiblemente con tranquilidad y calma, por lo que comprobar todos los datos se convierte en un deber y una demostración de orden, atención y motivación; en una palabra: profesionalidad.

Contenidos

La parte relativa a la experiencia profesional debe, por supuesto, mostrar los empleos sucesivos de tal modo que queden claros los méritos laborales adquiridos. Por dicha razón resulta de gran utilidad detallar todos los trabajos realizados, incluso cuando haya sido por breves periodos de tiempo o con una cualificación inferior con respecto a la actual.

No debe sentirse molesto al declarar empleos iniciales más bien simples y manuales. Así demostrará iniciativa, voluntad de superación profesional y deseo de prosperar, todas ellas características que agradarán con seguridad a quien lea el currículum.

Sin embargo, cuando las primeras experiencias laborales queden ya lejanas en el tiempo y no tengan nada que ver, por el puesto o la cualificación, con la situación actual, es preferible resumir este primer periodo menos significativo indicando sólo dos fechas (inicio y fin del periodo) y la enumeración de las ocupaciones sucesivas sin detallar los nombres de las empresas.

Por ejemplo:

De 1990 a 1992 desarrollé esporádicamente funciones de secretaria con sucesivos contratos en varias empresas de Valencia.

O bien:

De 1992 a 1994, a la espera de un empleo definitivo, trabajé esporádicamente como empleado en una oficina.

De todas formas, si trabaja desde hace bastante años y sus primeras experiencias no tienen ya ningún nexo con su actual estado laboral, puede dejar de especificarlas y comenzar por el primer trabajo relacionado con su situación actual.

Veamos a continuación cuáles son los datos que el seleccionador espera saber mientras que en el siguiente capítulo entraremos en un terreno más específico y veremos cómo tratar en detalle cada aspecto.

Para poder considerarlo completo y correcto, el currículum profesional debe contener, obligatoriamente, los siguientes datos:

— las fechas de inicio y final de trabajo;
— las empresas para las que se ha trabajado;
— los lugares de trabajo (por ejemplo, Madrid, Sevilla, Londres, etc.);
— el puesto de trabajo cubierto (por ejemplo, vendedor, encargado de la gestión de personal, director ejecutivo, etc.);
— las responsabilidades asumidas;
— la estructura en la que estaba inmerso (si coordinaba a más trabajadores, cuántos colaboradores tenía, etc.).

Presentación

Debido a la importancia de la parte del currículum relativa a la experiencia laboral, una presentación limpia, racional y de fácil y rápida consulta cobra una importancia especial. Nuestra recomendación es que siga ateniéndose al mismo estilo y criterios vistos anteriormente y que se adoptaron ya en la parte de los datos personales.

Recuerde que es más conveniente redactarlo a máquina, que debe utilizar el mismo tipo de papel y el mismo tipo de formato y que esta hoja debe tener membrete.

(A)

membrete

(B)

título de la hoja

(C)

fechas (años de comien-
zo y final de la relación
laboral)

(D)

descripción de todas las
actividades (empresa,
ocupación, etc.)

Experiencia laboral

- *Cómo resolver los problemas que se plantean cuando se busca el primer empleo.*

- *Cómo sacar el máximo rendimiento a su experiencia y cualificación.*

Búsqueda del primer empleo

¿Cómo hay que comportarse cuando no se tiene experiencia laboral o se han desarrollado sólo actividades esporádicas?

¿Se puede hablar realmente de currículum profesional cuando se está buscando el primer trabajo verdadero y sólo se puede esgrimir una titulación académica y muchas aspiraciones?

Es evidente que un currículum profesional tal y como lo entendemos, en el más amplio sentido de la palabra, únicamente puede redactarse si se posee una experiencia laboral previa de cierto peso o significación; de este modo, podría parecer que en la mayoría de los casos los jóvenes recién diplomados o licenciados no podrían cumplir nunca con estas condiciones.

En cualquier caso, es importante proporcionar al seleccionador alguna información y no limitarse puramente a los datos personales.

Para la persona que lee el currículum, tanto si es fruto de una solicitud por propia iniciativa como de la respuesta a un anuncio, es necesario que le indiquen elementos de apoyo, algún dato que le ayude a valorar si es interesante o si el aspirante está más preparado, por ejemplo, en el área de la contabilidad, de la mercadotecnia o de la electrónica.

La titulación académica en sí misma ya dice bastante pero no todo y por lo tanto no basta, sobre todo en el caso de los recién licenciados. Veamos algunos ejemplos concretos.

Si usted es un joven contable debe dejar claro al seleccionador si busca simplemente un trabajo de oficina, si pretende ocuparse de la contabilidad o si, por el contrario, tiene un verdadero interés en afrontar nuevos retos profesionales y hacer sus pinitos, por ejemplo, en la elaboración de datos. Estar dispuesto a realizar casi cualquier cosa es, ciertamente, una inapreciable demostración de buena voluntad, pero resulta poco eficaz para la selección en la que participa, que será siempre una búsqueda precisa y minuciosa.

La empresa (o la asesoría) no busca, por lo general, un joven con buena voluntad, sino que busca, según los casos, un ayudante para la contabilidad de proveedores, un joven auxiliar, un nuevo director de producción, etc. Entonces, ¿cómo debe comportarse?

Si tiene la intención de contestar a un anuncio, si ya ha comprobado que el trabajo propuesto le interesa y que posee los requisitos exigidos, resalte adecuadamente todos los datos personales que correspondan con las características requeridas. Sin que eso suponga añadir otra hoja al currículum (pero siempre tras los datos personales), especifique si tiene alguna experiencia, por pequeña que sea, en el sector y los motivos que le empujan a buscar trabajo precisamente en esa área empresarial.

Por poner un ejemplo, si en el anuncio se solicita una secretaria de unos 25 años, con buenos conocimientos de inglés y de taquigrafía, deberá presentar un currículum de este tipo:

```
Elena Martín Rosado
De la Rosa, 25
37004 Salamanca - Tel.: (215) 34 92 11
```

DATOS PERSONALES

Nombre	Elena Martín Rosado.
Edad	Nacida en Salamanca el 11/10/1965.
Dirección	De la Rosa, 25. 37004 Salamanca.
Teléfono	(215) 34 92 11.
Nacionalidad	Española.
Estado civil	Soltera.
Estudios	Título de Contabilidad obtenido avanzada en 1984.
Cursos de formación	Título de taquigrafía y mecanografía obtenido en el Instituto... de Salamanca en 1985 (dos meses completos).
Idiomas	Inglés hablado y escrito muy correctamente con nivel suficiente para taquigrafiar con velocidad.

Información adicional	Realicé varias suplencias por maternidad como secretaria en el estudio profesional... de Salamanca. Mi interés se centra en desempeñar tareas de secretariado con uso frecuente del inglés y tengo cualidades para trabajar de forma autónoma y organizada.

Veamos ahora cómo se puede sacar partido al mismo título académico.

Esta vez el ejemplo será un currículum redactado como respuesta a un anuncio donde se buscan jóvenes vendedores con una edad que ronde los 25 años que se ocupen de las ventas en el departamento de usuarios finales de sistemas para la automatización de oficinas:

Jaime Martín Rosado
De la Rosa, 25
37004 Salamanca - Tel.: (215) 34 92 11

DATOS PERSONALES

Nombre	Jaime Martín Rosado.
Edad	Nacido en Salamanca el 11/10/1965.

Dirección	De la Rosa, 25. 37004 Salamanca.
Teléfono	(215) 34 92 11.
Nacionalidad	Española.
Estado civil	Soltero.
Servicio militar	Exento.
Estudios	Título de Contabilidad avanzada obtenido en 1984.
Cursos de formación	Curso de mecanografía de 6 meses en el Instituto… de Salamanca en 1982.
Idiomas	Inglés hablado y escrito a un nivel elemental.
Información adicional	Breves trabajos en ventas dentro del campo editorial y de los electrodomésticos. Permiso de conducir y automóvil propio. Disponibilidad para viajar y cambiar de residencia. Me interesa de forma muy especial el trato con otras personas y desarrollar trabajo de forma autónoma, sobre todo en el ámbito comercial.

Veamos un tercer ejemplo. Esta vez el anunciante quiere contratar un joven contable para formar parte del departamento de administración de personal de una importante empresa multinacional americana:

```
Jaime Martín Rosado
De la Rosa, 25
37004 Salamanca - Tel.: (215) 34 92 11
```

DATOS PERSONALES

Nombre	Jaime Martín Rosado.
Edad	Nacido en Salamanca el 11/10/1965.
Dirección	De la Rosa, 25. 37004 Salamanca.
Teléfono	(215) 34 92 11.
Nacionalidad	Española.
Estado civil	Soltero.
Servicio militar	Cumplido.
Estudios	Título de Contabilidad avanzada obtenido en 1984.
Cursos de formación	Curso de Pagos e Impuestos llevado a cabo en el Instituto privado… de Salamanca en 1985.
Idiomas	Inglés escrito a nivel elemental, hablado con fluidez (experiencia en conversación comercial).

96

Información adicional   Estoy al corriente de
                        las novedades gracias a
                        la lectura de publica-
                        ciones especializadas.

Cuando, sin embargo, el título de estudios sea una licenciatura habrá de detallar los estudios realizados o el tema de la tesis
(sólo si tiene que ver con el trabajo propuesto). Recuerde que no
debe justificar nada, ni certificados de notas ni cartas de recomendación de los profesores. Veamos un ejemplo en el que se
responde a un anuncio en busca de jóvenes ingenieros informáticos para un puesto de analista-programador:

Jaime Martín Rosado
De la Rosa, 25
37004 Salamanca - Tel.: (215) 34 92 11

                     DATOS PERSONALES

Nombre   Jaime Martín Rosado.
Edad   Nacido en Salamanca el
                        11/10/1965.
Dirección   De la Rosa, 25. 37004
                        Salamanca.
Teléfono   (215) 34 92 11.
Nacionalidad   Española.
Estado civil   Soltero.
Servicio militar   Cumplido en el depar-
                        tamento de Transmisio-
                        nes (marzo de 1985 -
                        marzo de 1986.

Estudios	Título de Selectividad en ciencias obtenido en 1981.
	Título de licenciado en Ingeniería informática obtenido en la Universidad Politécnica de Salamanca en 1988.
	He llevado a cabo cursos de programación estructurada y tengo experiencia en los lenguajes FORTRAN y COBOL.
Idiomas	Muy buenos conocimientos de inglés técnico hablado y escrito.

Ahora nos fijaremos en cómo se podría redactar el currículum de un candidato que se presenta al anuncio de jóvenes licenciados para trabajar como director de producción en el área de mercadotecnia de una empresa multinacional productora de bienes de consumo:

Jaime Martín Rosado
De la Rosa, 25
37004 Salamanca - Tel.: (215) 34 92 11

DATOS PERSONALES

Nombre	Jaime Martín Rosado.
Edad	Nacido en Salamanca el 11/10/1965.

Dirección	De la Rosa, 25. 37004 Salamanca.
Teléfono	(215) 34 92 11.
Nacionalidad	Española.
Estado civil	Soltero.
Servicio militar	Cumplido.
Estudios	Título de Selectividad en ciencias obtenido en 1981. Licenciatura de Economía obtenida en 1986 en la Universidad Pontificia de Madrid. Me he especializado en dirección empresarial con especial interés en la política de las empresas comerciales. El título de mi tesis es: «Nuevas tendencias de la distribución organizada».
Idiomas	Inglés hablado y escrito a nivel elemental. Francés hablado y escrito con fluidez.
Información adicional	Me interesaría de forma muy especial realizar una actividad que me permita profundizar en los problemas del mercado.

Con los ejemplos facilitados hemos aclarado cuál es el mejor modo de vender los conocimientos que se poseen y los intereses profesionales.

No hay que olvidar que todos los datos deben corresponder a la realidad; no se pueden inventar para la ocasión: se trata de seleccionar y sacar provecho de la información que más se corresponda con las peticiones del anuncio.

Este criterio sirve, en lo esencial, también en caso de una solicitud por propia iniciativa. Si va a demandar (a una empresa, un banco, una entidad, una consultoría) un puesto de trabajo específico, un cargo profesional preciso al que se aspira, ponga de relieve los datos seleccionándolos como acaba de ver. Si, por el contrario, prefiere presentar una solicitud genérica a la espera de que sea la empresa la que formule más adelante una propuesta precisa y definitiva deberá realizar un currículum más amplio.

Por ejemplo:

```
Jaime Martín Rosado
De la Rosa, 25
37004 Salamanca - Tel.: (215) 34 92 11
```

DATOS PERSONALES

Nombre	Jaime Martín Rosado.
Edad	Nacido en Salamanca el 11/10/1965.
Dirección	De la Rosa, 25. 37004 Salamanca.
Teléfono	(215) 34 92 11.
Nacionalidad	Española.

Estado civil	Soltero.
Servicio militar	Cumplido en el departamento de Transmisiones (marzo de 1985 - marzo de 1986).
Estudios	Título de Selectividad en ciencias en 1981. Licenciatura en Economía obtenida en la Universidad Pontificia de Madrid en 1988. Especialidad: economía empresarial (política de las empresas comerciales y tendencias de distribución organizada).
Idiomas	Inglés fluido hablado y escrito. Estancia de cuatro semanas completas en Brighton en la Escuela... en 1987.

En resumen

• Si está buscando su primer empleo:

— especifique su experiencia laboral aunque sea breve;
— enfatice los datos personales (estudios, cursos, permiso de conducir, disponibilidad para viajar) que puedan relacionarse con el tipo de trabajo del anuncio al que responde o del lugar al que manda una solicitud por iniciativa propia.

Empresas en las que se ha trabajado

Al presentar las diferentes experiencias de trabajo es necesario detallar la duración de cada una de ellas, indicando mes y año de comienzo y final de la relación contractual.

Por ejemplo:

```
Del 1/1980 al 10/1985.
Del 11/1985 al 12/1986.
Del 1/1987 hasta hoy.
```

Si los periodos son bastante largos y sin solución de continuidad entre ellos, basta con indicar los años sin más:

```
Desde 1978 hasta 1983.
Desde 1983 hasta 1985.
Desde 1986 hasta hoy.
```

El inicio de cada una de las descripciones de las experiencias laborales tendrá que señalarse indicando el periodo y el nombre de la empresa en la que se ha trabajado.

De acuerdo con la presentación que nosotros sugerimos, se especificará en la columna de la izquierda la fecha, en la derecha, en mayúsculas, el nombre de la empresa y a continuación (mejor debajo) la descripción del tipo de trabajo (las tareas a su cargo) y la responsabilidad ejercida.

Como decíamos, el nombre de la empresa se debe escribir en mayúsculas y no debe aparecer ningún error u omisión. ¿Esto

102

significa que es necesario decir dónde se ha trabajado y dónde se trabaja actualmente? ¿Se debe ser, en otras palabras, explícito y renunciar a la voluntad de incógnito, anonimato y confidencialidad? ¿Qué perjuicios pueden derivar de ser tan sinceros y qué riesgos se corren? No hay problema en declarar exactamente la empresa o empresas en las que se ha trabajado antes así como la actual; todo lo contrario, son sin duda mayores las ventajas que los inconvenientes que se derivan de una exposición completa y sin reticencias. En primer lugar se está dando una imagen de persona madura y responsable, que no tiene nada que ocultar y que se quiere colocar al mismo nivel profesional que su interlocutor, aunque sea por el momento un desconocido. Es importante, además, recordar que el que selecciona es un profesional y por lo tanto está acostumbrado a hacer un uso discreto y reservado de la información que obra en su poder.

Si estos dos motivos no bastan por sí solos para tranquilizarle, vamos a darle seguidamente una serie de explicaciones que ayudarán a comprender mejor por qué es necesario dar indicaciones claras y explícitas:

• Si responde a un anuncio directo, es decir, uno en el que aparece el nombre de la empresa que está buscando personal, o manda espontáneamente solicitudes a empresas de su interés, evitará el peligro que más teme: que su empresa actual sepa que está intentando cambiar de trabajo.

• Si contesta a una empresa de selección de personal y, entonces, desconoce el nombre de la empresa contratante tendrá la seguridad de evitar desagradables incidentes si especifica el nombre de la empresa en la que trabaja: estas asesorías, de hecho, filtran previamente los currículum que reciben y descartan las solicitudes que provienen de empleados de la empresa cliente (si no fuera así, perderían seriedad profesional y credibilidad, ya que quien no se muestra reservado con los candidatos podría no hacerlo tampoco con los clientes). Como última precaución a la hora de contestar a la empresa de selección se puede escribir en el sobre la palabra *reservado* y en el interior, en la carta de presentación del currículum, detallar la sociedad con la que no se quiere poner en contacto.

• Al señalar enseguida con qué empresa se ha trabajado se permite una valoración inicial válida. Esto favorece los contactos posteriores evitando inútiles frustraciones e irritantes pérdidas de tiempo siempre con engaños cuando no se procede con la mayor claridad desde el comienzo. Existen acuerdos tácitos entre empresas competidoras de no entrar al juego de robarse profesionales la una a la otra; y a la inversa, hay algunas empresas para las que provenir de una empresa en particular es una cualidad preferencial.

En el primer caso se evitará una entrevista inútil con la consecuencia desagradable de creerse inadecuado para la solicitud; en el segundo caso, por el contrario, aumentarán las probabilidades de pertenecer a los que se presentan para la elección final.

Además no existe ninguna razón de peso para no citar el nombre de las empresas anteriores y de la actual. El riesgo de la exposición real se corre principalmente declarando el nombre y los apellidos. Así sí que se identifica a alguien verdaderamente, esta es la información que hay que temer que caiga en manos de interlocutores no deseados. Pero ya que es inevitable declarar quiénes somos, cómo nos llamamos, dónde pueden encontrarnos, qué importa detallar de forma madura y consciente también el resto de la información.

Además de la empresa es importante citar también el lugar donde se encuentra (San Sebastián, Málaga, Londres, etc.).

De todos es sabido que muchas empresas, y no sólo las de grandes dimensiones, tienen oficinas diseminadas por todo el territorio nacional, ya sean establecimientos de producción aislados o con presencia en varios países. Pero no basta con el nombre de la empresa y el lugar donde está ubicada.

No todas las empresas son, de hecho, conocidas universalmente: es frecuente el caso de empresas, incluso muy importantes en su sector, que pueden resultar, sin embargo, desconocidas para quien no trabaje en él.

Aconsejamos, entonces, dar al menos algún detalle que pueda ayudar a la persona que lo lee a valorar adecuadamente su experiencia. Especifique, sobre todo, el sector en el que opera la empresa (por ejemplo, producción de electrodomésticos, servicios de mercadotecnia, distribución comercial, etc.). También es conveniente dar una idea sobre las dimensiones de la empresa con cifras de facturación o el número de empleados. De este modo facilitará al destinatario una información muy importante, útil para definir el tipo y la complejidad de las labores asignadas.

Para evitar divulgar información reservada, dé cifras aproximadas, sin entrar en detalle. Será, pues, recomendable hablar de un centenar, un millar, algunas docenas (de empleados, de millones, de facturación).

En resumen

• Indique las fechas de sus diferentes trabajos.

• Especifique el nombre de la empresa en la que haya trabajado y de aquella donde trabaja actualmente (no existen razones especiales para no hacerlo y además evitará riesgos inútiles).

• Cite también las sedes donde haya trabajado en alguna ocasión.

• Aporte información sobre el sector en el que trabaja la empresa, la facturación, el número de empleados.

Puestos de trabajo ocupados
y experiencia afianzada

¿Qué puestos de trabajo ha cubierto en la misma empresa y en empleos sucesivos? ¿Qué tareas empresariales ha desarrollado, con qué finalidad?

Estos son los datos que debe facilitar justo después de indicar la empresa. En primer lugar precise el departamento en el que trabajaba (por ejemplo, mercadotecnia, organización, desarrollo, etc.). A continuación, la cualificación profesional cubierta (empleado, adjunto, responsable de oficina, jefe de servicio, director, etc.).

Sea, como siempre, sincero y declare la verdad: no caiga en la tentación de atribuirse un cargo superior al real, sobre todo si no se apoya en una experiencia auténtica y una preparación profesional adecuada.

Lo que importa verdaderamente al seleccionador (primero gracias al currículum, después a lo largo de las entrevistas personales) es su verdadera valía profesional.

El deseo de mejorar, de ostentar responsabilidades más amplias e importantes se aprecia y valora, obviamente, de forma muy positiva si se trata de puestos con cualificaciones superiores al que actualmente desempeña. Todo esto, sin embargo, si existe la base de una preparación profesional verificada y de tal nivel que pueda ponerle a cubierto, enseguida, de embarazosos desmentidos al enfrentarse con los hechos.

Veamos algunos ejemplos:

De 1992 a 1995, Empresa X, Madrid.
Multinacional americana que opera en el campo
de la electrónica con más de 1.000 empleados y

una facturación superior a los 4.000 millones.
Trabajaba como encargado de la gestión de pedidos y facturación dentro de la Dirección comercial.

O bien:

De 1995 a 1997, Empresa X, Barcelona.
Sociedad de servicios de mediana envergadura
con unos 300 millones de facturación. Era el
responsable de la gestión de personal dentro
del departamento de Dirección de personal.

Otro ejemplo:

De 1995 hasta hoy, Empresa X, Bilbao.
Sociedad proveedora de servicios de informática con más de 1.000 empleados y cerca de
2.500 millones de facturación. Desempeño la
función de analista-programador dentro de una
línea de desarrollo aplicable.

Si se da el caso, por un conjunto de razones (por lo general
una mezcla entre la situación de la empresa y problemas personales) de que ejerce un puesto superior al que se le reconoce ofi-
cialmente, deberá por supuesto ponerlo en evidencia ante los
responsables de la selección.

No describa situaciones especiales, no se deje llevar por comentarios, recriminaciones o quejas. Cíñase al puesto que desempeña y a sus competencias profesionales ejercidas habitualmente: los hechos y sus cualidades serán las mejores pruebas a su
favor. Vea algunos ejemplos en la página siguiente.

De 1995 hasta hoy, Empresa X, Barcelona.
Empresa farmacéutica mediana con unos 800 millones de facturación. Trabajo como jefe de
producción de la especialidad OTC dentro del
Departamento de mercadotecnia. Me encargo
personalmente de todos los productos elabora-
dos, de modo que puedo declarar que soy el
responsable de toda la línea de productos sin
prescripción.

(El cargo es *jefe de producción* aunque realice un papel de *coordinador* de grupo).

O bien:

De 1995 a 1997, Empresa X, Barcelona.
Sociedad líder en ventas por correo con más de
1.000 empleados.
En esta empresa, trabajaba como único responsable de todo el sector de desarrollo dentro
de la Dirección de sistemas; de hecho, coordinaba también el conjunto de las actividades
operativas del centro de elaboración de datos.

(No sólo *responsable de desarrollo* sino también *jefe de área*).

Otro ejemplo:

De 1990 a 1996, Empresa X, Valencia.
Sociedad productora de electrodomésticos con
unos 1.000 millones de facturación. Era el

responsable de la oficina de contabilidad de clientes dentro del Departamento administrativo supervisando constantemente también la oficina de contabilidad de proveedores.

A menudo sucede que dentro de la misma empresa, sobre todo si se trabaja en ella durante mucho tiempo, se cubren durante algunos periodos puestos de trabajo muy diferentes en responsabilidad (aun manteniéndose en la misma área) o en contenido profesional (cambiando de un área a otra). Debe dejarlo claro detallando los años cumplidos en cada uno de los puestos.

Veamos algunos ejemplos:

De 1980 a 1986, Empresa X, Zaragoza.
Editorial líder con más de 1.000 empleados. Comencé en 1980 como ayudante del director de personal ocupándome sobre todo de los procesos de selección. De 1981 hasta 1983 fui responsable del Departamento de selección y formación del personal. De 1983 a 1986 trabajé como jefe de producción de un grupo de publicaciones semanales de gran renombre dentro de la división de periódicos.

O bien:

De 1993 hasta hoy, Empresa X, Madrid.
Multinacional americana de equipos informáticos con más de 800 empleados y una facturación superior a los 4.000 millones. De 1983 a 1984

desempeñé las funciones de ayudante de producción; de 1984 a 1986, jefe de producción; de 1986 hasta hoy jefe de producción de grupo con la responsabilidad de toda una línea de productos.

En resumen

• Indique el área o sector de la empresa en la que esté trabajando y su categoría profesional.

• Especifique posibles ampliaciones dentro de sus responsabilidades si son diferentes a las previstas en su cargo.

• Enumere seguidas, indicando las fechas, las diferentes ocupaciones realizadas dentro de una misma empresa.

Experiencia adquirida

En el apartado anterior hemos visto cómo se debe señalar de vez en cuando el puesto de trabajo ocupado y el cargo ostentado. Son datos esenciales pero en muchos casos no son del todo suficientes para mostrar exactamente las áreas de competencia y la verdadera esfera de actividad. Por eso es conveniente decir algo más, especificar y ser lo más precisos posible cuanto mayor sea la responsabilidad asignada y más amplia la autonomía y la discreción del trabajo. Es necesario prestar atención, sin embargo, a no caer en lo obvio y no dar demasiados detalles. Lo que llamamos *competencia profesional* es un conjunto de varios factores: veámoslos poco a poco.

• **Los objetivos profesionales que se deben alcanzar con el propio trabajo:** vender, si se es vendedor, realizar el balance para un contable, llevar a cabo programas y sistemas para un programador EDP, etc.

- **Las técnicas utilizadas y las normas que hay que seguir:** en cada profesión existe un conjunto de habilidades y conocimientos que constituye la auténtica profesionalidad (el programador debe saber los lenguajes de programación; la secretaria, escribir a máquina, hacerse cargo de un archivo y tomar notas; el director de producción debe saber elaborar un plan de mercadotecnia y dirigir los incentivos del *marketing mix* de su producto, etc.).

- **La manera de actuar y los instrumentos con los que se alcanzan los objetivos profesionales:** a un mismo nivel, a una profesión básicamente igual, no corresponde el mismo modo de trabajar: la contabilidad puede gestionarse de forma tradicional o con el sistema anglosajón; se puede trabajar manualmente o de forma automatizada; se puede vender al usuario final o a concesionarios y revendedores; se puede coordinar una red de venta directa, indirecta o mixta; se pueden mantener relaciones internacionales o no; se pueden utilizar frecuentemente los idiomas extranjeros o hacer un escaso uso de ellos, etc., y los ejemplos podrían prolongarse hasta el infinito.

Indicar el puesto de trabajo ocupado facilita elementos claros con relación a los objetivos perseguidos (las cosas que se hacen) y al conjunto general de técnicas y conocimientos indispensables para desarrollar el papel asignado. Sin embargo, no siempre resulta evidente el nivel de complejidad y la manera en que se desarrolla la actividad profesional. Este tipo de información es, por lo tanto, de vital importancia porque lo hace diferente, lo convierte en un profesional en particular, saca a la luz sus habilidades específicas y da significado y valor a su experiencia. De aquí proviene la necesidad de incluir, después de indicar el puesto de trabajo desempeñado, ciertas especificaciones ligadas al tipo de trabajo realizado. Si, por ejemplo, se ocupa de la facturación y emisión de órdenes en la sección de pedidos bastará con indicar:

```
Soy responsable de la facturación y emisión de
órdenes dentro de la sección de pedidos.
```

No es necesario añadir nada más sobre el contenido auténtico de la actividad que, citada de este modo, quedará clara y comprensible.

Sin embargo, lo que es importante añadir es, por ejemplo, si posee experiencia de gestión informatizada de los pedidos, es decir, si utiliza o no el ordenador. El conocimiento y la experiencia de un sistema informatizado de trabajo constituye un elemento esencial de su competencia profesional que, por consiguiente, hay que destacar.

Aconsejamos, por lo tanto, indicar brevemente las responsabilidades que se le han asignado, ilustrando en parte lo más obvio y común y detallando las que sean menos habituales y no sean propias del trabajo realizado. Además, no olvide citar su participación en proyectos especiales que hayan enriquecido la experiencia que posee.

Recuerde siempre la necesidad de ser claro y sintético a la vez; la concisión asume aquí una relevancia determinante. No escriba, de hecho, extensas enumeraciones de responsabilidades (la mayoría de las veces de sobra conocidas por quien lo lee) o, todavía peor, no incluya la descripción del trabajo oficial, que es un documento reservado a su empresa: corre el riesgo de aburrir soberanamente al seleccionador y de transmitir una imagen excesivamente burocrática y rígida.

Limítese a ofrecer al destinatario una exposición sintética de las áreas de su competencia y de sus modalidades particulares de trabajo. En la página siguiente puede ver ejemplos:

112

EXPERIENCIA PROFESIONAL

De 1995 hasta hoy.
Sociedad X de Madrid dedicada a la producción y comercialización de componentes para la industria electrónica (unos 80 empleados y una facturación de más de 1.000 millones).
Soy responsable del departamento de contabilidad general.
Entre las numerosas funciones que ejerzo en este puesto se cuenta el estar al cargo de todas las áreas de contabilidad: balances y estados de cuentas mensuales, contabilidad general y fiscal, clientes y proveedores, créditos y bancos.

O bien:

EXPERIENCIA PROFESIONAL

De 1990 a 1992.
Empresa X, sociedad de gran distribución.
Vicedirector de la filial.
En dicho cargo desempeñaba una función de asistente del director de la filial, ayudándole en los procesos de gestión de los objetivos comerciales.

De 1992 hasta hoy.
Empresa X, sociedad de gran distribución.
Director responsable de ventas.

En dicho cargo, antes de la apertura del punto de venta, me encargué de la preparación total del *lay-out* y del surtido, ocupándome además de la selección y organización del personal.

Competencias de naturaleza técnica y especializada

La presencia cada vez mayor de los ordenadores y su utilización ha dado origen al nacimiento de nuevas profesiones muy especializadas y sofisticadas, no siempre fáciles de entender en sus aspectos más técnicos para quien no esté familiarizado con este mundo.

También hay que señalar que la gran difusión de ordenadores personales y terminales en las oficinas ha ocasionado que incluso profesionales de otros ámbitos (como, por ejemplo, contables, personal de mercadotecnia, etc.) se hayan visto obligados a desarrollar habilidades de este tipo para pasar a ser, por lo menos, buenos usuarios de los nuevos instrumentos electrónicos. De ahí deriva la necesidad de incluir en este libro algunos consejos sobre el mejor modo de ilustrar estos conocimientos.

A menudo sucede que algunos candidatos se pierden en una innumerable serie de siglas, números y palabras extranjeras sin lograr, además, dar una medida exacta de los conocimientos adquiridos y las responsabilidades que se han ejercido.

En primer lugar, explique con claridad su papel profesional. ¿Trabaja en el centro de elaboración de datos, es operador, organizador del trabajo, jefe de turno, jefe de sección?

Si trabaja en el desarrollo aplicado, ¿es programador, analista-programador, analista, responsable de línea, responsable de área? Se encuentra, en cambio, en el sector del *software* de base, ¿es analista de sistemas, responsable de área?

Estas son sólo las distinciones más generales y frecuentes. El mundo de la informática es un universo muy amplio y en vías de desarrollo, ocupado por profesionales de diversa índole y objetivos pero que poseen como común denominador haberse desarrollado a través del ordenador: del *software* a los proyectos, del *hardware* a la administración de datos, del *publishing* a la microinformática…

Hemos mostrado voluntariamente ejemplos muy diversos e incluso incompatibles entre sí para subrayar las numerosas profesiones presentes en el interior de este mundo tan extraño pero a la par tan fascinante. La persona encargada de la selección conoce naturalmente muy bien las diferencias entre unos trabajos y otros y tiene presentes las funciones y los objetivos que conlleva un cargo determinado.

Así pues, sea muy claro y explique las tareas que ha desempeñado; sólo entonces pasará a ilustrar los requisitos técnicos que obran en su poder.

Aconsejamos una redacción sintética y esquemática, dividida por ámbitos de conocimientos: lenguajes de programación, sistemas operativos, organización de archivos de datos, sistemas utilizados (máquinas). De este modo, con pocas pero precisas palabras, habrá descrito su nivel profesional.

En resumen

• En primer lugar indique de forma sintética pero exhaustiva su cargo y sus responsabilidades.

• A partir de ahí, enumere esquemáticamente los conocimientos adquiridos: lenguajes de programación, sistemas operativos, organización de archivos de datos, máquinas utilizadas.

Nivel de responsabilidad

Siguiendo el esquema que hemos trazado hasta ahora, ya ha dicho mucho de cada ocupación que ha tenido: en qué empresa trabajó, qué puestos de trabajo ocupó sucesivamente, qué competencias profesionales ha adquirido con el tiempo y el ejercicio profesional.

Para completar con exactitud el cuadro y transmitir una idea eficaz y real de la valía profesional alcanzada, falta todavía un elemento: el nivel de responsabilidad que se ha alcanzado en una determinada empresa.

Simplificando, casi demasiado, podríamos decir que el nivel de responsabilidad corresponde al puesto de trabajo ocupado dentro del organigrama empresarial.

Es indispensable dejar claro dos aspectos fundamentales que ofrecen una información útil a nuestro destinatario:

- Si tiene personas a su cargo, ¿cuántas y con qué cualificación? ¿Es responsable de una supervisión jerárquica o sólo funcional?

- ¿A quién rinde cuentas? ¿Quién es su jefe (es decir, cuál es su cargo, no quién es como persona física con nombre y apellidos)?

Veamos algunos ejemplos:

```
Como jefe de contabilidad tengo directamente a
mi cargo a cinco personas: dos para la conta-
bilidad general, dos para la contabilidad de
clientes y la facturación; si bien no depende
directamente de mí, la responsable de la ad-
ministración del personal está bajo mi super-
visión. Respondo directamente al director ad-
ministrativo y financiero.
```

116

Como jefe de centro dirijo a seis operadores divididos en tres turnos, más dos coordinadores. Dependo del director de sistemas.

Otro ejemplo:

Como jefe del área del norte de España coordino una red de venta compuesta por nueve vendedores directos y cuatro agentes. Dependo del director de ventas.

De este modo ha dejado claros algunos aspectos que interesan especialmente al seleccionador: ¿tiene experiencia en gestión de personal? ¿Qué tipo de responsabilidad delega en usted la empresa? ¿Cuál es el nivel de responsabilidad y autonomía con el que opera?

Por supuesto existen aspectos de su trabajo que no se aclararán del todo simplemente especificando su puesto dentro del organigrama: el tipo de responsabilidad y las formas de autonomía están a menudo influidas por otros factores como el clima y la cultura empresarial, el estilo de dirección del cuerpo directivo o del propio jefe.

De todas formas son aspectos de los que hablará con mayor detalle en el curso de las entrevistas personales; en la parte de la experiencia profesional no debe olvidar, sin embargo, indicar cuántos y quiénes son sus colaboradores (siempre en términos de posición y no de nombres) y cuál es el cargo que ostenta su jefe.

¡Atención! No envíe ningún organigrama de la empresa con el objetivo de ser más claro y preciso. Ya hemos comentado que no hay que enviar ningún justificante pero en este caso, además, el organigrama es un documento interno de la empresa de extrema confidencialidad. Difundirlo y divulgarlo, aunque sea movido por una intención honesta y sincera de aclarar y explicar, constituye un acto de extrema ligereza y se calificaría, por lo tanto, como un rasgo de poca confianza y superficialidad.

Además, es oportuno precisar que la descripción del nivel de responsabilidad no debe especificarse en todos los empleos que se detallan en el currículum. Limítese a los puestos de mayor importancia y, por lo tanto, más recientes y de mayor complejidad y responsabilidad. En general puede excluir las primeras experiencias de trabajo por incompletas o poco significativas o porque sólo son los pasos previos a su carrera posterior.

En resumen

• En caso de dirigir personal, indique cuánto y de qué tipo.

• Especifique el cargo de su jefe.

• Si cuenta con una experiencia laboral amplia y diversa, limítese a describir de este modo solamente los trabajos de mayor responsabilidad o más recientes.

Cambios de trabajo

Ya hemos dicho que la presentación de la experiencia laboral debe ser exacta y completa: por lo tanto se deben citar todos los empleos, incluso los que le hayan dejado un recuerdo desagradable y que no cuenta de buen grado.

Sin embargo, hablar de ellos es siempre mejor que no mencionarlos; de no ser así se encontraría en la embarazosa situación de tener que presentar un currículum discontinuo, poco claro, que puede inducir a sospecha: bastaría con esto para sentenciar su candidatura y no conseguir llegar ni a la fase inicial, la de la primera entrevista.

Así pues, ¿cómo hay que comportarse? Es muy simple: limítese a describir los diferentes empleos (según los criterios que hemos detallado ampliamente) y no declare nunca en el currículum los motivos que le han llevado en cada ocasión a cambiar de trabajo.

No tema nada: no existen reglas precisas, ni un número «justo» de cambios ni empleos considerados demasiado largos o, por el contrario, muy cortos. Lo que cuenta en mayor medida y lo que determinará la valoración del seleccionador es el modo en el que se ha vivido la experiencia, el conjunto de razones que le han impulsado cada vez a quedarse mucho tiempo en una empresa o, por el contrario, a buscar rápidamente una nueva oportunidad. Y todo esto, volvemos a repetirlo, se analizará con detalle durante la entrevista personal.

No obstante, es posible recurrir a algunos pequeños trucos. Ya hemos dicho en otra parte que se deben resumir las primeras experiencias de trabajo debido a que se encuentran muy lejos en el tiempo y muy distantes del sector y del tipo de cargo ocupado actualmente. Así podrá pasar por encima de sus primeras experiencias, no especialmente fáciles, o, de no ser así, tan poco importantes que le hacen sentirse incómodo al hablar de ellas.

Si, en cambio, ha tenido alguna relación laboral muy breve, de sólo algunos meses, quizá por un error de valoración, un ambiente difícil u otra causa y teme que este paréntesis pueda «mancillar» un currículum en general positivo, brillante y en ascensión, no la mencione.

Pero, volvemos a insistir, debe tratarse de un empleo de pocos meses para que sea posible ocultarlo entre un cambio y otro de empresa.

No obstante, prepárese para afrontar por propia iniciativa este tema durante la entrevista: así dará la imagen de una persona madura, consciente de sus propias elecciones y decidida a afrontarlas. Si deja, por el contrario, que sea el seleccionador el que le haga admitir una experiencia más difícil o de menos cualificación, parecerá que está admitiendo una culpa y como tal provocará una valoración negativa.

En resumen

• No explique jamás los motivos que le hayan inducido cada vez a cambiar de empleo: se lo preguntarán después (y tendrá la ocasión de aclararlo ampliamente) durante las entrevistas.

Retribuciones y categoría laboral

Este tipo de información tiene sólo que ver con el último empleo, es decir, con el actual; sería un trabajo inútil tener que especificarlo en todas las actividades realizadas con anterioridad.

Indique claramente el nivel contractual en el que se encuentra ahora; por lo tanto, hable de grado retributivo (1.er nivel, 7.° nivel, etc.) y de categoría profesional: químico, mecánico del metal, empleado de banca, de editorial, comercial, empleado en el mundo del espectáculo, etc. Si es director indique también el año en que ha accedido al cargo. Por ejemplo:

Soy director desde 1995.

Resulta mucho más delicado el tema de la retribución. Generalmente, el sueldo que se está percibiendo actualmente se comenta en la primera entrevista para verificar que no existan incompatibilidades entre el nivel económico del candidato y lo que la empresa proponga. Posteriores definiciones, negociaciones y pactos se reservan para fases más avanzadas de las entrevistas, cuando ya se ha constatado el mutuo interés de proseguir con los contactos.

¿Qué conviene hacer? Como máximo se puede omitir la información, pero esté preparado para declararla exactamente durante el primer encuentro con el seleccionador.

La retribución es un tema serio e importante; el entrevistador al preguntarla cumple con un correcto acto profesional que, por supuesto, no se considera «indiscreto»: es del todo inútil continuar con los contactos (lo que supone, por consiguiente, una pérdida de tiempo) si, desde el primer instante, existe una profunda incompatibilidad entre lo que se pide y lo que le ofrecen como salario. Por esta razón, si cree que gana lo que de media se cobra en el mercado en una posición similar y no tiene particulares aspiraciones de incrementar su salario, puede omitir el dato económico en el currículum. De este modo dará a quien lo lea una primera señal de flexibilidad y de disposición al trato.

Por el contrario, si considera que su sueldo se encuentra ya en una franja alta de mercado y no tiene intención de considerar propuestas de nivel inferior, es oportuno que especifique la actual retribución y sus pretensiones económicas.

Así, el seleccionador podrá valorar por completo su candidatura mientras usted se asegura un contrato óptimo.

En resumen

• Indique la categoría profesional y salarial.

• Si está dispuesto a negociar el nuevo nivel retributivo, puede omitir los datos relativos a su sueldo actual.

• Por el contrario, especifíquelo, junto a sus aspiraciones retributivas, si no se va a tomar la molestia de considerar propuestas por debajo de un cierto nivel.

Cursos de especialización empresarial

Sucede a menudo, dentro de la vida profesional de cada uno, que se debe participar en cursos y seminarios organizados directamente por la propia empresa o por sociedades de asesoramiento especializadas en facilitar programas de formación.

Los cursos pueden ser muy diversos: pueden tener que ver directamente con los aspectos técnicos del trabajo y suponer, por lo tanto, una profundización especializada sobre temas concretos o pueden centrarse sobre temáticas de dirección más generales (estilos de dirección, el papel del jefe, la negociación, el proceso de toma de decisiones, la comunicación, etc.). En ambos casos la experiencia resulta enriquecedora e importante para su formación profesional. Por lo tanto aconsejamos indicar la participación en seminarios de este tipo: pero sea muy breve, limitándose a destacar el tema de cada curso sin especificar el año, el lugar o la duración. En el caso, sin embargo, de que el curso tenga una mayor importancia, deberá especificar entonces el periodo y el lugar (empresa de asesoramiento, empresa) de realización.

Veamos algunos ejemplos:

```
Cursos profesionales.
Seminarios sobre nuevas técnicas de produc-
ción y gestión de mercancías.
Participación en cursos de gestión de personal.
```

O bien:

```
Cursos profesionales.
Curso sobre la planificación y el control de
gestión en la Universidad Autónoma en 1986.
Duración de un año.
```

Carta de presentación

- *La carta de presentación debe constar de una pocas líneas personalizadas para completar el currículum.*
- *Cómo justificar la decisión de cambiar de empleo.*

Características generales

Finalmente, el currículum está acabado, todos los datos se han organizado de manera clara, eficaz y sintética; toda su trayectoria está presentada en dos páginas redactadas con mucho esmero.

Veamos cómo completar de la mejor manera posible todo lo hecho hasta ahora: la carta de presentación (de la que hablamos al final pero que «físicamente» será la primera de las tres hojas) constituye un elemento indispensable (y que no se debe menospreciar de su petición de trabajo. En primer lugar, se trata de la parte más personal, menos normalizada, de las tres hojas: mientras que la relación de los datos personales y la experiencia profesional se ha llevado a cabo teniendo en cuenta la posibilidad de posteriores usos, la carta de presentación debe escribirse expresamente para cada ocasión.

A continuación detallamos algunos ejemplos para redactarla de la manera más conveniente. Para comenzar, es obligatorio hacer constar algunas indicaciones «objetivas»:

— la fecha (es muy importante no olvidarla);
— la referencia exacta del anuncio (si se trata de una respuesta a un anuncio), es decir, el puesto de trabajo que nos interesa (tal y como se denominaba en el texto), el número o sigla del anuncio, el periódico o publicación en el que aparecía y la fecha.

Veamos algunos ejemplos:

```
Solicitud del puesto de jefe de Departamen-
to de contabilidad general.
Ref. AB 1.915.
El País, 24/6/1999.
```

O bien:

```
Solicitud del puesto de director de produc-
ción.
Ref. CD 055.
El Mundo, 1/9/1999.
```

Un tercer ejemplo:

```
Solicitud del puesto de experto programador
de CAD/CAE.
Ref. EF 3.901.
PC World n.° 36 del 10/10/1999.
```

Contenidos

El contenido general de la carta de presentación se debe configurar como una breve nota, bien redactada, que presenta a la persona y referencia a los dos folios de información. Así pues, el texto será conciso y el estilo desenvuelto y seguro, directo al interlocutor.

Por este motivo no debe olvidar nunca escribirla en primera persona *(yo)* y no recurrir jamás a la tercera *(él)*, que resulta ampulosa y burocrática. No se extienda en discursos obvios y promocionales: ¡nadie habla mal de uno mismo!

Es inútil decir «estoy muy interesado por su propuesta», «me considero un candidato idóneo», «si bien no poseo todos los requisitos exigidos me considero también a la altura». Del mismo modo son inútiles y se hallan fuera de lugar las descripciones de la propia personalidad y capacidades, como por ejemplo: «soy una persona dinámica y extrovertida», «trabajo con gran seriedad y empeño», etc.

Nadie pretende poner en duda la autenticidad de sus afirmaciones y de aquello de lo que está convencido, pero este tipo de valoraciones competen al seleccionador y surgen tras las entrevistas mantenidas.

Lo que se decide en esta fase es el valor de la experiencia adquirida y de las capacidades, por lo que es preferible limitarse a presentarlos con pocas y simples palabras.

Veamos algunos ejemplos:

```
Barcelona, 27 de junio de 1999

Asunto: selección de un jefe para el Departa-
mento de contabilidad general.
Ref. AB 1915.
```
ABC, 24/6/1999.

Muy señores míos:
Con la presente les envío los datos relativos a mi persona y mi experiencia laboral. Si fuesen de su interés, les agradecería que me dieran la posibilidad de presentarme ante ustedes para responder cuantas preguntas quisieren hacerme.

Atentamente
Manuel Revuelta Soto

No caiga en la tentación de pensar que es demasiado corto, no se deje llevar por una excesiva verborrea: si considera que posee los requisitos que la empresa con la que se está poniendo en contacto requiere, el hecho de escribir ya lo evidencia. Sin embargo, siempre hay excepciones: veamos cuáles.

Más argumentos

La carta de presentación puede ser también la ocasión de decir algo más. Pero ¿qué?

Puede, por ejemplo, recalcar brevemente alguna experiencia que aparezca en el currículum y que considera muy afín al puesto de trabajo que solicita o bien tratarse de un trabajo muy cualificado.

Por ejemplo:

Gerona, 2 de septiembre de 1998

Asunto: selección de un director de producción.
Ref. CD 055.
La Vanguardia, 1/9/1998.

Muy señores míos:

Adjunto a esta carta les envío mi currículum vitae.
Me permito comentarles que, en el puesto de trabajo en el que me encuentro actualmente, me he encargado de la gestión y lanzamiento de una línea de productos que en la actualidad son líderes en el mercado. En este sentido puedo asegurarles que conozco perfectamente los requisitos mercadotécnicos que requiere el sector de los electrodomésticos.
A la espera de mantener un contacto con ustedes les saluda atentamente:

Antonio Piqué Soler

La carta de presentación puede, por otra parte, ser el instrumento que permita aclarar algunos elementos relativos a los datos que no estén tan ligados a los requisitos exigidos (recuerde, una vez más, que su experiencia general tiene que ser la requerida).

Si cuida la explicación de los elementos de su caso particular que difieren de lo demandado por la empresa, tiene muchas posibilidades de conseguir una entrevista.

Por ejemplo:

Córdoba, 10 de octubre de 1999

Asunto: selección de un experto programador de CAD/CAE.
Ref. EF 3908.
PC Manía, n.° 33, del 10/10/1999.

127

Estimados señores:
En respuesta a su anuncio les envío mi histo-
rial profesional, esperando que sea de su to-
tal interés.
Si bien es cierto que actualmente no resido en
Córdoba, estoy muy interesado en trasladarme a
esa ciudad por motivos de índole familiar.
Quedaría muy agradecido si me concedieran una
entrevista.
Un cordial saludo:

                                    Carlos Morales Ávila

Motivos del cambio de trabajo: cuándo y cómo explicarlos

Se puede incluir un último dato, es decir, las razones que le empujan a cambiar de empresa. Ya hemos comentado de manera
clara que no se deben indicar las razones que le mueven a buscar
un nuevo trabajo: las facilitará en los contactos personales.

Sin embargo, cuando el comienzo de la última actividad se
remonta a poco tiempo atrás, será oportuno explicar brevemente por qué se ofrece nuevamente en el mercado de trabajo en tan
poco tiempo.

Exponga las razones con argumentos reales pero siempre ge-
neralizando: no caiga, por lo tanto, en detalles sólo comprensibles para quien los conozca o que puedan parecer chismorreos,
indiscreciones o rencores más o menos personales.

Permanezca en un plano puramente profesional, sin olvidar
que en este contexto es suficiente con una ligera mención: los
detalles del problema se expondrán en persona.

Pamplona, 9 de junio de 1998
Asunto: selección de un jefe del Departamento
de compras.
Ref. AC 1993.
El País, 6/6/1998.

Muy señores míos:

Les envío mi currículum a la espera de que sea
de su total interés. Como pueden comprobar por
los datos trabajo en esta empresa como responsable del Departamento de compras desde
hace sólo seis meses.
Divergencias entre los socios impiden de manera determinante la autonomía y la eficacia de
mi gestión. Por dicho motivo tengo gran interés
en encontrar una oportunidad que me resulte más
estimulante y con unos mayores incentivos.
Agradeciéndoles la atención que me han dis-
pensado se despide atentamente:

María Hernández Ribas

De todo lo expuesto hasta aquí se deduce la necesidad de no
subestimar la importancia de la carta de presentación.

Esta supone una cortesía hacia la persona destinataria del
currículum (solicite o no los servicios de un profesional con sus
características en ese momento).

Por otra parte, es una herramienta útil de explicación de cualquier causa o circunstancia laboral o personal de la que sea necesario hacer partícipe al responsable del proceso de selección.

En resumen

• Redacte una carta de presentación para cada una de las peticiones de trabajo que envíe.

• No olvide indicar la fecha, el puesto de trabajo ofrecido, la referencia (número o sigla) del anuncio, el periódico o publicación en el que se ha publicado y la fecha de aparición.

• El texto debe ser sencillo y breve.

• Puede subrayar en algunas ocasiones experiencias laborales que tengan mucho que ver con el puesto de trabajo al que opta.

• Según los casos podrá incluir una pequeña explicación sobre las características que no estén ligadas a la solicitud.

• Especifique brevemente los motivos que le empujan a cambiar de trabajo sólo si está trabajando en una empresa desde hace poco tiempo.

Deseo de confidencialidad

- *Las empresas y los seleccionadores de personal garantizan siempre la mayor confidencialidad.*
- *El riesgo de ser descubiertos es más hipotético que real.*

Aspectos del problema

Insistiremos sobre algunas consideraciones ya tratadas.

El problema de la confidencialidad atañe solamente a las personas que ya están trabajando; es más, cuanto mayor es el nivel de experiencia y profesionalidad alcanzado, mayores son las preocupaciones acerca del peligro de que el propio nombre y los datos personales puedan difundirse.

Estos temores, perfectamente comprensibles, no deben hacer caer, sin embargo, en una «reticencia» errónea y determinar, por esa razón, un currículum vago, carente de la información esencial como, por ejemplo, las empresas en las que se ha trabajado, el cargo o el nivel profesional. Este no es el modo de afrontar y resolver el problema. Recuerde siempre que quien lea su currículum será un profesional y que, como tal, está no sólo acostumbrado (sino también obligado por una concreta ética profesional a tratar con extrema reserva las informaciones que obran en su poder. Si no fuera así perdería su valor y seriedad. De todas formas existen otras razones más objetivas y concretas que pueden servir para tranquilizarle.

Cómo comportarse

Si su solicitud es por iniciativa propia y no como respuesta a un anuncio el problema, de hecho, no existe. Sabrá, con toda seguridad, que esa no es la empresa en la que está trabajando y el mayor riesgo habrá desaparecido así.

Además, si ha tomado la decisión de dirigirse a esa empresa en concreto es porque le interesa, por algún motivo especial, más que las otras; ha oído hablar bien de ella, es sólida, los salarios son elevados, está seguro de poseer una experiencia profesional tentadora, proviene de una empresa competidora, etc. En resumidas cuentas, existe un gran número de motivos para venderse de la mejor manera posible y facilitar todos los datos necesarios. De otra forma, ¿para qué ponerse en contacto voluntariamente?

Nada tiene que ver con el caso de una *respuesta a un anuncio*. Ya hemos visto que los anuncios pueden ser nominativos o anónimos.

Si contesta a un anuncio nominativo, en el que aparece claramente el nombre de la empresa que está seleccionando personal, valdrán los mismos argumentos esgrimidos en el párrafo anterior sobre las respuestas a iniciativa propia. Sabe quién es su interlocutor, por lo que es competencia suya decidir si le interesa (y responder entonces de manera amplia y completa) o bien no responder.

En el caso de los *anuncios anónimos*, no aparece el nombre de la empresa que ha mandado publicarlos. Vale la pena, llegados a este punto, hacer una última distinción.

Anuncio anónimo gestionado directamente por la empresa: se trata del caso más «arriesgado», si podemos hablar verdaderamente de riesgo. Se le indica que envíe su currículum a un apartado postal o al mismo periódico que lo ha publicado y todas las respuestas son valoradas por la propia empresa. Realmente no quedan muchas posibilidades: o responder, o ignorar el anuncio y esperar otra oportunidad. Para decidir qué hacer lea atentamente el texto del anuncio: siempre aparece una pequeña descripción de la empresa, del sector en el que opera, de los productos, de la facturación, de la estructura en la que se introducirá al nuevo empleado. Todos estos datos pueden echarle una mano y ayudarle a excluir la posibilidad de que se trata de su propia empresa.

Anuncio anónimo gestionado por una empresa de selección: no aparece el nombre de la empresa pero sí las siglas y la referencia de una sociedad especializada en la búsqueda y selección de personal. Este tipo de contacto, propio de la actividad que distingue a las empresas de selección, garantiza con toda seguridad la confidencialidad. Sin embargo, no está de más tomar ciertas precauciones.

A veces, la empresa de selección sólo ejerce la función de «apartado postal», es decir, de recogida de todas las respuestas que después se enviarán a la empresa solicitante.

En cambio, en otros casos, la empresa asesora se hace cargo de la primera fase de entrevistas de selección y la empresa cliente se encarga sólo de un grupo muy reducido de candidatos.

En general, el texto del anuncio deja claro en qué modo continuará el contacto. Atención por lo tanto a frases como: «la empresa se hará cargo directamente de la selección» o «la empresa participa en la selección desde las primeras fases».

A pesar de lo dicho existe una precaución que le evitará inconvenientes desagradables:

— especifique claramente en la parte de fuera del sobre la palabra *reservado* (así el seleccionador sabrá que tiene que abrir su carta antes de enviársela al cliente);
— en la carta de presentación del currículum, a pie de página, añada una breve nota especificando con exactitud el nombre de la empresa con la que no quiere ponerse en contacto.

De este modo, el seleccionador tendrá todos los elementos para valorar si debe o no enviar la respuesta a la empresa anunciante. De no ser así, quedará archivada en el fichero de la empresa de selección y podrá ser convocado para otras oportunidades interesantes.

En resumen

• No existen problemas especiales en caso de que se responda por iniciativa propia o como respuesta a un anuncio nominativo.

• Si el anuncio es anónimo y gestionado directamente por la empresa, lea con mucha atención el texto del anuncio.

• Si el anuncio es anónimo y gestionado a través de una sociedad de asesoramiento, escriba en el sobre *reservado* y en la carta de presentación al currículum los nombres de las empresas con las que no quiere tener tratos.

APÉNDICE

En las siguientes páginas se muestran algunos ejemplos de currículum correspondientes a ocupaciones muy diferentes, por su formación académica o por la experiencia laboral expuesta.

Dichos ejemplos sirven para ilustrar de manera tangible todo lo que se ha explicado en detalle a lo largo de este libro. Como podrá notar, de las tres partes que componen un buen currículum (datos personales, experiencia profesional, carta de presentación), no hemos incluido la carta de presentación.

Nos ha parecido más oportuno realizar un útil y práctico resumen, en esta sección, de los consejos aportados a lo largo de esta obra acerca de cómo redactar adecuadamente los datos; en cuanto a la carta de presentación, se puede consultar el capítulo relativo donde se muestran diversos ejemplos utilizables en circunstancias muy variadas.

Lorenzo Gracia Irujo
De los Jacintos, 55
07011 Palma de Mallorca

DATOS PERSONALES

Nombre   Lorenzo Gracia Irujo.

Edad   Nacido en Palma de Mallor-
                          ca el 15/7/1967.

Dirección   De los Jacintos, 55.
                          07011 Palma de Mallorca.

Teléfono   (213) 32 99 64.

Otro contacto   Sres. Gracia (abuelos).
                          Tel.: (213) 33 49 40.

Nacionalidad   Española.

Estado civil   Soltero.

Estudios   Diploma de contabilidad
                          obtenido en 1986.

Cursos de   Curso de programación rea-
especialización   lizado durante un año en
                          el Instituto Albert Eins-
                          tein de Palma de Mallorca
                          (1986).

Idiomas	Inglés bueno, hablado y escrito.
	Francés hablado y escrito a nivel elemental.
	Participación en un curso de inglés en York (1987) durante dos semanas.
Servicio militar	Cumplido.

Información adicional

Durante el servicio militar me ocupé de la gestión del centro de elaboración de datos del Ejército y, al ejercer este puesto, pude adquirir mucha experiencia en esta área.

En el curso de especialización trabajé con los lenguajes COBOL y FORTRAN sobre los sistemas XXX.

Mi interés se centra principalmente en el sector de la informática. Mi mayor aspiración es entrar a formar parte de un grupo de programadores y, como primera tarea, no me importaría trabajar para ustedes como operador.

A la espera de un encuentro satisfactorio para ambas partes, aprovecho la ocasión para enviarles mis más sinceros saludos.

Lorenzo Gracia Irujo

Se trata de un currículum perteneciente a una persona recién diplomada en busca de su primer empleo.

Este ejemplo de currículum es también válido para responder a una solicitud por iniciativa propia sin que sea propiamente dirigida a un anuncio en particular.

```
Miguel Fuertes Díaz
Plaza Mayor, 25
20001 San Sebastián
```

DATOS PERSONALES

```
Nombre              Miguel Fuertes Díaz.

Edad                Nacido en la población de
                    Hernani el 21/12/1953.

Dirección           Plaza Mayor, 25.
                    20001 San Sebastián.

Teléfono            (555) 45 33 85.

Otros contactos     Sres. Casado (suegros).
                    Tel.: (555) 13 12 14.

Nacionalidad        Española.

Estado civil        Casado, con dos hijos.

Estudios            Diploma de contabilidad
                    obtenido en 1972.
```

	Dos cursos de la licencia-tura de Economía en la Universidad de Deusto.
Idiomas	Inglés hablado a nivel elemental; escrito y leído a nivel profesional.
	Alemán hablado y escrito a nivel elemental.
Servicio militar	Cumplido (1973).
Aficiones	Lectura y fotografía.

Miguel Fuertes Díaz.
Plaza Mayor, 25.
20001 San Sebastián.
Tel: (555) 13 12 14.
    (555) 13 11 14.

EXPERIENCIA PROFESIONAL

De 1975 a 1985   Corcran, S. A., empresa de
                     San Sebastián.
                     Producción y venta de com-
                     ponentes para la industria
                     electrónica (800 empleados
                     y más de 100 millones de
                     facturación).

                     1975-1980
                     Empleado en el seno del
                     Departamento de contabili-
                     dad general.

                     1980-1985
                     Responsable del departa-
                     mento de contabilidad ge-
                     neral.
                     Me hacía cargo de todas
                     las áreas de la contabili-
                     dad (realización de balan-
                     ces, previsiones mensua-
                     les, contabilidad general
                     y fiscal, clientes y pro-

veedores, créditos y bancos); dependían de mí siete personas y estaba bajo las órdenes del director administrativo. El soporte EDP que utilizaba era un sistema XY.

De 1985 hasta la actualidad

FÉLIX, S. A. San Sebastián.

Productos químicos para la industria con unos 500 millones de facturación y 35 empleados.

Soy el responsable administrativo de la sociedad y, en la jerarquía, dependo directamente del director general.

Además de todas las responsabilidades contables y administrativas que desempeño (clientes, proveedores, general, balances y previsiones, fiscal) coordino la parte EDP y la organización.

Colaboran conmigo dieciocho personas (tres son responsables de la elaboración de datos). El sistema que utilizo es un XY.

Categoría profesional	Actualmente en la 8.ª categoría de químicos.
Cursos de especialización profesional	— Balances. — Logística. — Gestión y organización empresarial. — Programación y sistemas operativos.

José Antonio López Cuerda
Albéniz, 34
28013 Madrid

DATOS PERSONALES

Nombre	José Antonio López Cuerda.
Edad	Nacido en Alcalá de Henares el 21/7/1955.
Dirección	Albéniz, 34. 28013 Madrid.
Teléfono	(147) 37 22 58.
Nacionalidad	Española.
Estado civil	Casado, sin hijos.
Estudios	Diploma de contabilidad obtenido en 1974. Tres cursos de la licenciatura de Políticas en la Universidad de Alcalá de Henares.
Idiomas	Francés fluido, hablado y escrito. Inglés hablado y escrito a nivel básico.
Servicio militar	Cumplido (1976).

José Antonio López Cuerda
Albéniz, 34
28013 Madrid

EXPERIENCIA PROFESIONAL

1980-1986   BEVIBIENE
                   Sociedad líder en la pro-
                   ducción y comercialización
                   de productos como zumos,
                   refrescos y aguas.

                   1980-1982
                   Vendedor en la zona de Ma-
                   drid con frecuentes viajes
                   y desplazamientos por toda
                   la provincia.

                   1982-1985
                   Supervisor de zona para
                   toda la Comunidad de Ma-
                   drid.
                   Se me encomendó el cumpli-
                   miento de los objetivos
                   comerciales en la zona.
                   Asimismo me encargaba de
                   la coordinación de las
                   personas presentes en el
                   territorio asignado (ocho
                   vendedores y un promotor
                   de ventas).

Dependía del jefe del área del norte de España.

1985-1986
Jefe del área del norte de España.
Era responsable de seis zonas, coordinaba a otros tantos supervisores de zona, a cincuenta vendedores y a cinco promotores de ventas.
Dependía directamente del director de ventas.

De 1986 hasta hoy   DRINK SPRESS
Multinacional francesa que opera en el mercado de los refrescos (más de 300 empleados y unos 700 millones de facturación).
En la actualidad, estoy ocupando el cargo de Director de ventas.
Soy responsable del cumplimiento de los objetivos de venta de la sociedad.
Coordino una estructura de distribución compuesta por vendedores directos y por agentes y representantes.
Colaboran conmigo tres jefes de área y un ayudante.

Dependo del director comercial y ejerzo mi cargo directivo desde mi ingreso en la empresa.

Cursos de especialización profesional

— Técnicas de venta.
— Hablar en público.
— Gestión y conducción de recursos humanos.

Alejandro Calvo Soria
Manuel de Falla, 43
08013 Barcelona

DATOS PERSONALES

Nombre   Alejandro Calvo Soria.

Edad   Nacido   en   Teruel   el
                    28/8/1951.

Domicilio   Manuel de Falla, 43.
                    08013 Barcelona.

Teléfono   (455) 45 15 19.

Otro contacto   Tel. de la oficina (confi-
                    dencial): (455) 84 55 55.

Nacionalidad   Española.

Estado civil   Casado, con un hijo.

Estudios   Título de Bachiller obte-
                    nido en 1970, en el Insti-
                    tuto de Teruel.
                    Licenciatura en Ciencias
                    Físicas en la especialidad
                    de Astrofísica obtenida en
                    1976 en la Universidad
                    central de Barcelona.

Idiomas	Inglés fluido, hablado y escrito. Muy buenos conocimientos de inglés técnico.
Servicio militar	Cumplido (1977).
Aficiones	Juegos de lógica, ajedrez, alpinismo.

Alejandro Calvo Soria
Manuel de Falla, 43
08013 Barcelona
Tel.: (455) 45 15 19

EXPERIENCIA PROFESIONAL

De 1978 a 1980   Profesor en universidades públicas de las siguientes materias: matemáticas, física, sistemas de automatización y cálculo.

De 1980 a 1987   ALCHIMIX
Multinacional norteamericana productora y distribuidora en España de productos farmacéuticos (con más de 600 empleados y una facturación de unos 3.000 millones).

1980-1982
Programador de EDP.

1982-1984
Analista programador.

1984-1986
Responsable de un nuevo proyecto de carácter in-

terfuncional pensado para crear un sistema automático de decisiones para el control unitario de la gestión del Departamento farmacéutico.

El grupo de trabajo que estaba bajo mi coordinación y supervisión se componía de proyectistas de EDP y de usuarios finales. En concreto, mis responsabilidades eran todas las que relaciono a continuación:

— elección del *software* y diseño del sistema;
— formación y adiestramiento de los empleados;
— realización de las interfaces con el sistema central;
— diseño y gestión de las bases de datos alimentadas automáticamente por los archivos centrales;
— asesoramiento técnico EDP a las actividades de planificación y control.

Trabajaba en equipo con el director de desarrollo aplicado.

1986-1987
RECORD, S. A.
Empresa española que opera
en el sector discográfico
(70 empleados y más de 500
millones de facturación).
Responsable EDP del desa-
rrollo aplicado de toda el
área administrativa y contable.
Los cometidos habituales
eran:

— procesamiento de pedi-
dos;
— contabilidad de clientes
y productos;
— contabilidad general;
— sueldos y salarios.

De 1987 hasta hoy   ESPAÑOLA DE ALIMENTACIÓN
Empresa líder en la pro-
ducción y distribución de
alimentos (leche, quesos
frescos y curados, yogur,
repostería, etc.).
Responsable del nuevo sistema informático de ven-
tas. Me encargo de la
puesta a punto de un sis-
tema que permitirá la gestión de las ventas en
tiempo real mediante la

151

transmisión automática de datos entre la sede central y los cerca de 80 puestos periféricos. Todos los vendedores tendrán que utilizar terminales portátiles.

Dependo directamente del director de sistemas.

Formo parte del cuadro directivo de la empresa desde mi ingreso en ella.

Conocimientos técnicos	Sistemas operativos: — DOS; — MVS.
Lenguajes de programación:	— COBOL; — FORTRAN; — PLI.

Javier Luna Ruiz
Severo Ochoa, 10
08077 Barcelona

DATOS PERSONALES

Nombre   Javier Luna Ruiz.

Edad   Nacido en Alicante el
                    22/3/1949.

Domicilio   Severo Ochoa, 10.
                    08077 Barcelona.

Teléfono   (453) 48 55 56.

Otro contacto   Tel. oficina: (211) 14 51 11.

Nacionalidad   Española.

Estado civil   Casado, sin hijos.

Estudios   Título de Bachiller obte-
                    nido en 1968.
                    Licenciatura en Economía
                    obtenida en 1973 en la Fa-
                    cultad de Ciencias Econó-
                    micas y Empresariales de
                    la Universidad de Valen-
                    cia. (Calificación media:
                    notable).

Cursos de especialización	Curso de mercadotecnia de seis meses en la Universidad de Valencia.
Idiomas	Inglés hablado y escrito correctamente, no muy fluido. Buenos conocimientos de inglés técnico. Curso intensivo de inglés de un mes de duración en Londres (1984).
Servicio militar	Cumplido.

Javier Luna Ruiz
Severo Ochoa, 10
08077 Barcelona

EXPERIENCIA PROFESIONAL

De 1976 a 1978   CASABELLA
                        Empresa italiana de pro-
                        ductos de limpieza: jabo-
                        nes, suavizantes, detergen-
                        tes, etc. (800 empleados y
                        unos 300 millones de fac-
                        turación).

                        Ayudante de producción en
                        el Departamento de produc-
                        tos de baño. Pasé a ser su-
                        pervisor de producción al
                        año siguiente (1977); en
                        la misma línea de produc-
                        tos, ascendí a jefe de
                        producción en el año 1978.
                        En cuanto a la jerarquía
                        dependía del director de
                        departamento.

                        He adquirido experiencia en
                        las siguientes áreas profe-
                        sionales de la producción:

                        — campañas de mercadotecnia
                        a medio y largo plazo;

— elaboración de presupuestos y análisis de variables;
— estudio y lanzamiento de nuevos productos;
— elaboración de anuncios publicitarios (con estrechos contactos con las agencias).

De 1978 a 1985

GRANDES SUPERMERCADOS ESPAÑOLES
Empresa de distribución presente en todo el territorio nacional (más de 100 puntos de venta, unos 1.000 empleados y más de 6.000 millones de facturación).
Comencé como responsable de las compras de productos no alimentarios y pasé casi inmediatamente a ocuparme del nuevo departamento de pagos y transportes. Entre mis funciones está el encargarme de la realización total de los puntos de venta en fase de apertura, además de la búsqueda de nuevos proveedores y la definición de todos los contratos.

Por consiguiente, he seguido el *lay-out*, así como la creación de locales, la provisión de mercancías y la contratación y gestión del personal.

Dependía del director del Departamento de nuevas iniciativas y colaboraban conmigo dos ayudantes.

De 1985 hasta la actualidad

DUVAL SUPER, S. A.

Nueva sociedad del grupo francés de distribución organizativa Duval especializada en hipermercados bajo la marca «Duval Super».

Soy responsable del desarrollo de los hipermercados y de la adquisición de los productos no alimentarios.

Hasta hoy he realizado la apertura de nueve puntos de venta y me encargo del lanzamiento de nuevas iniciativas.

Nivel contractual

Formo parte del cuadro directivo (máximo nivel contractual). La experiencia adquirida y los incentivos empresariales me colocan en un elevado nivel retributivo.

Espero poder conservar este nivel, a través del ejercicio de mis labores profesionales al servicio de su empresa.